찾아오지 않는 지역관광에는 이유가 있다

Why Regional Tourism Fails

An Inquiry into the Gap Between Stagnation and Success

찾아오지 않는 지역관광에는 이유가 있다

정성문 지음

한울
아카데미

차례

들어가며

30여 년 전 기자였다. 광주광역시에서 시작해 실무 경험이 쌓이면서 전남 곳곳으로 발자취를 넓혀 갔다. 20여 년간 현장을 누비며 하나의 확신이 생겼다. "경제가 낙후된 지역을 살리는 가장 효과적인 정책 수단은 '관광산업'이다."

2012년 전라남도 여수시에서 세계 박람회가 개최되었다. 남도의 작은 소도시에 불과했던 여수가 박람회를 준비하며 상전벽해(桑田碧海)의 탈바꿈을 이루었고, 개최 후에도 여행 목적지로 꾸준한 사랑을 받더니 연평균 1,300만 명이 찾는 명실상부한 대한민국 대표 관광도시로 성장하는 모습을 지켜보며 확신은 신념이 되었다.

이후 최근 10여 년간 연구자이자 컨설턴트로 활동하면서 관광이 지역을 살리고, 활력을 불어넣으며, 재생을 시키는 가장 현실적인 수단이

자 즉각적인 효능감을 안겨 주는 지역개발 전략임을 실증해 왔다. 하지만 다른 현실도 마주했다. 상당수의 지자체가 '벤치마킹'이라는 명분 아래 막대한 예산을 들여 서로를 모방하는 '복사-붙여 넣기 경쟁'으로 실패를 자초하고 있었다. 당장의 치적을 쌓으려는 소위 윗분들과 행정 위계의 수직 구조에 갇힌 공공 분야 종사자들의 수동적인 업무 수행이 낳은 결과였다. 그리고 그 이면에는 더 깊은 구조적 문제가 자리하고 있었다.

고령화된 농촌에서는 '우리끼리' 문화로 외부인을 배척하면서도 70대가 청년 회장인 곳에 MZ 세대를 겨냥한 시설을 지으려 하면서 정작 "누가 운영할 것인가?"라는 근본적인 질문은 외면하는 것이다. 더욱이 이러한 폐쇄적인 텃세 문화에 대해 정책을 세우고 예산을 집행하는 공공 영역마저 동조하는 모습을 보이고, 현장의 목소리보다 위만 바라보는 경직된 공직 문화 속에서 수많은 계획이 비틀리고 기회가 사라지고 있었다.

또한 현장에서는 운영자를 찾지 못해 방치된 시설들이 쉽게 눈에 띄었다. 거액의 예산을 들여 지은 시설이 문을 닫은 채 남아 있고, 바로 옆에서는 또 다른 시설 건립을 계획하는 모순이 반복되었다. "새롭게 조성되는 시설은 누가 운영할 것인가? 앞서 지은 시설과 같은 운명이 되지는 않을까? 수요자인 관광객의 눈높이에 맞는 서비스를 누가 제공할 수 있을까? 지역의 현실을 누구보다 잘 알고 있는 공공기관들은 왜 연간 수천억 원의 예산을 쏟아부으며 실패를 반복하는 것일까? 이를 극복할 수 있는 방법은 정말 없는 건가?" 현장을 다니며 머릿속을 늘 맴도는 질문들이었다. 결론은 돈과 시설이 부족해서가 아니라 사람과 시스템이 부재했기 때문에 생겨난 결과라는 것이다.

이 책은 '왜 지역관광의 성공을 위한 선한 의도와 막대한 노력은 자꾸만 실패하는가?'라는 불편한 질문에서 시작된다. 그리고 그 해답을 찾기 위해 지난 30여 년간 기자와 연구자, 컨설턴트로서 흙먼지 묻은 현장에서 발견한 희망의 단서들을 독자 여러분과 함께 나누려 한다.

이 책은 단순히 성공 사례를 나열하는 관광 안내서가 아니다. 1장 '낡은 공식이 초래한 위기의 지역관광'에서는 똑같은 출렁다리와 전망대를 경쟁적으로 세우며 스스로를 복제하는 '공유지의 비극'을 진단한다. 그리고 '무엇으로, 어떻게, 누구를 위해, 누가 운영할 것인가?'라는 네 가지 근본적인 질문을 통해 우리가 잃어버린 방향을 되짚어 본다.

2장 '보물을 찾는 눈, 사람을 키우는 힘'에서는 그 해법의 첫 번째 열쇠로 '관점의 전환'을 제안한다. 디트로이트의 쇠락한 폐공장이, 버려질 뻔한 사유원의 고목이, 그리고 이수도의 평범한 시골 밥상이 어떻게 세상에 없던 관광자원이 될 수 있었는지 사례를 통해 보여 준다. '모든 것이 자원'이라는 새로운 눈으로 우리 곁의 보물을 발견하고, 시대의 파도에 유연하게 올라타 그것을 매력적으로 브랜딩하는 지혜를 나눈다.

3장 '우리다움, 함께 그리고 새롭게'에서는 그렇게 찾아낸 보물들을 엮어 더 큰 가치를 만드는 시스템의 기술을 이야기한다. 지역의 고유한 정체성, 즉 '우리다움'을 확립하고, 행정의 칸막이와 지역의 경계를 넘어 이웃과 손잡는 '연대'와 '융복합'의 힘이 어떻게 1 더하기 1을 10으로 만드는지를 구체적인 전략과 함께 살펴본다.

마지막으로 4장 '사람에게 투자하고 시스템을 혁신하라'에서는 이 모든 변화를 이끄는 가장 위대한 자원이자 이 책의 최종 결론인 '사람'을 이야기한다. '돈'과 '일'보다 '사람'이 먼저라는 패러다임의 전환을 촉구하며, 주민과 공무원이라는 두 주체가 신뢰의 시스템 속에서 어떻게 지역의 운명을 바꾸는 주인공이 될 수 있는지를 제시한다.

부디 이 책이 지역관광의 성공을 고민하는 분들께 실용적인 나침반이 되기를 소망한다. 243개 지방자치단체가 저마다의 고유한 이야기로 빛날 때 대한민국의 지역관광은 지속가능한 성장과 사람들의 방문 활성화가 함께 이루어지는 곳으로 변화될 수 있을 것이다.

1장

낡은 공식이 초래한 위기의 지역관광

1. 변화하는 관광, 왜 '지역다움'인가?

21세기 글로벌 시대는 세계의 경계를 허물며 국가 간, 도시 간 경쟁을 심화시키고 있다. 확대되는 무역 전쟁과 자국 우선주의 정책은 국가와 도시 간의 경쟁과 협력을 더욱 복잡하게 만들고 있다.

세계무역기구(WTO)에 따르면 국제무역량은 1995~2023년까지 지난 30년간 5배 이상 증가했으며, 다국적 기업의 영향력 확대와 새로운 기술 및 정보의 급속한 교환은 지역 간 경쟁을 가속화하고 있다(WTO Blog, 2024). 이 같은 세계화의 흐름은 역설적으로 지역의 가치(locality), 즉 '지역다움'의 가치에 대한 요구를 증대시켰다. 세계가 하나의 거대한 시장으로 통합되어 가는 과정에서 지역은 자신만의 정체성과 고유성을 가지고 차별화를 통한 경쟁력을 확보해야 한다는 것이다. 이를 위해서는 글로벌 기준에 부합하면서도 지역적 특성을 강화하는 새로운 전략적 접근이 요구된다.

1) 교양에서 체험으로 관광 패러다임 진화

세상에 존재하는 모든 것은 수명 주기(life cycle)에 따라 변화한다. 정체성이든 호칭이든 기능이든 시대가 요구하는, 또는 시대에 부응하는 방향으로 변해 왔다. 인류가 최초로 의자를 고안했을 때 존재의 이유는 사람이 서 있거나 쪼그려 있는 대신 편히 앉기 위한 것이었다. 현재의 의자는 예술작품으로서 공간의 중심이 되거나 포인트 역할을 수행하고 있다. 또 안마 기능이 더해지면서 치유와 힐링 상품으로 진화하고 있다.

이러한 변화는 관광에도 적용된다. 17세기부터 19세기까지 유럽 상류층 자제들 사이에서 유행했던 그랜드 투어(Grand Tour)는 고전 문명의 유산을 탐방하며 교양을 쌓기 위한 교육적 여행이었다. 당시 관광은 지식과 견문을 넓히기 위한 문명 선진국 탐방에 국한되었으며, 주로 로마, 파리, 베니스 등 문명의 중심지를 순례하는 형태로 이루어졌다. 하지만 근대 관광의 아버지로 평가받는 영국의 토머스 쿡(Thomas Cook, 1808~1892)[1]이 1841년 7월 5일 세계 최초로 단체관광 상품을 출시한 이후 관광은 본격적인 대중화 시대를 맞이하게 되었다. 레스터에서 러프버러까지 570명의 관광객을 대상으로 한 철도 여행 패키지는 표준화된 서비스와 예측 가능한 경험을 제공함으로써 현대 관광산업의 토대를 마련했다. 이후 수도나 대도시 중심의 해외 관광이 일반 대중에게까지 확산되었다.

1 현대 관광 산업의 아버지로 불리는 영국의 사업가이자 혁신가이다. 1841년 금주운동 지지자들을 위한 12마일 거리의 특별 기차 여행을 조직한 것이 현대 패키지 여행의 시초가 되었다. 단체 관광의 개념을 창안한데 이어 '토마스 쿡 앤 손(Thomas Cook and Son)'이라는 세계적 여행사를 설립하여 일반 대중에게 여행의 기회를 제공했다. 그의 혁신적인 사업 모델은 교통, 숙박, 관광을 하나로 묶어 표준화된 서비스를 제공함으로써 관광 산업의 새로운 패러다임을 열었으나 2019년 막대한 부채와 경영난으로 파산했다.

이후 1980년대 후반부터 1990년대 초반에 등장한 '글로컬라이제이션(glocalization)' 개념은 관광의 패러다임 전환을 가져왔다. 세계화(globalization)와 지역화(localization)의 합성어로서 지역 특성을 고려하여 세계화를 추진한다는 의미를 담고 있다. 즉, 글로벌 표준을 지역에 단순하게 적용하는 것에서 벗어나 글로벌 차원의 사고와 지역적 차원의 행동을 동시에 추구하는 것(Think Global, Act Local)으로서 세계적 흐름에 부응하면서도 지역 고유의 정체성을 강화하여 경쟁력을 확보하려는 전략적 움직임이다. 글로컬 개념이 확산되면서 관광 분야에서도 세계화에 따른 획일화된 문화에 대한 반발과 함께 지역 문화의 중요성이 부각되기 시작했다. 세계적인 흐름에 발맞추면서도 지역의 특성을 살려 차별화된 경쟁력을 확보하는 게 중요해진 것이다. 이에 따라 지역 문화를 세계적

관광 패러다임의 변화

국가 중심에서 도시·지역 중심으로

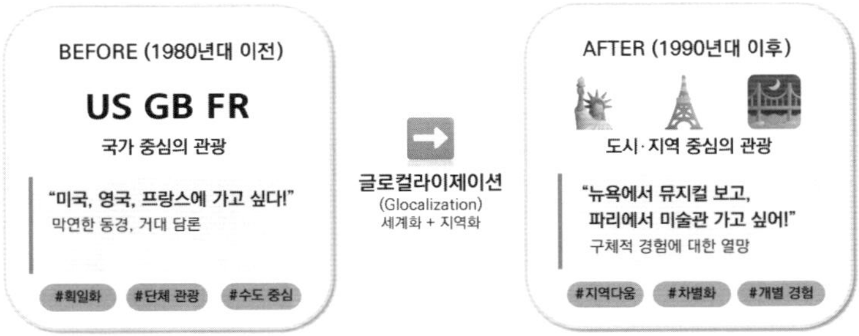

인 문화로 발전시키고, 세계 문화를 지역 문화에 맞게 재해석하는 작업이 본격화되었다.

글로컬라이제이션의 영향이 확대되면서 여행 동기와 목적지 선택에도 변화의 바람이 불어닥쳤다. 과거 "미국, 영국, 프랑스를 가고 싶다"는 국가 단위의 관광 욕망은 "뉴욕의 브로드웨이에서 뮤지컬을 보고, 시애틀의 파이크 플레이스 마켓에서 커피를 마시고, 런던의 코벤트 가든에서 거리 공연을 감상하고, 에든버러의 고성에서 역사를 체험하고, 파리의 몽마르트르에서 예술가들과 대화하고, 니스의 해변에서 여유를 만끽하고 싶다"는 구체적이고 세분화된 열망으로 발전했다. 여행자가 여행을 통해 무엇을 할 것인지가 명확해지자 목적지가 국가라는 거대한 단위에서 고유한 문화와 스토리를 지닌 '지역'과 '도시'로 자연스럽게 좁혀진 것이다. 세계적인 온라인 여행사 부킹닷컴이 2023년 발표한 지속가능한 여행 보고서에 따르면 전 세계 여행자의 75%가 현지 문화를 대표하는 진정한 경험 추구를 원하는 것으로 나타났다(Booking.com, 2023). 이는 로컬(Local)이 여행 목적지로 정착되었음을 의미한다.

2) 달콤한 모방은 멈추고 지역다움으로 승부

이동과 정보 통신의 새로운 기술이 계속 등장하고, 정보의 교환이 자유롭고 신속하게 이루어지면서 글로컬화는 더욱 가속화되고 있고, 세상은 점점 더 좁아지고 있다. 소셜 미디어(SNS)와 여행 플랫폼의 확산으로 낯선 지역의 숨겨진 명소나 맛집 정보가 실시간으로 공유되고 있기에 관광객들은 더 이상 표준화된 패키지 상품에 만족하지 않게 되었다. 통계 전문회사인 스타티스타(Statista)[2]에 따르면 Z세대의 약 60%가 여행 시 소셜 미디어를 사용하며, 전체 여행자의 36.5%는 여행 아이디어를 소셜 미디어를 통해 얻고 있다(Statista, 2024). 즉, 관광객들은 현지인이

2 2007년 독일 함부르크에서 설립된 세계적인 시장조사 및 통계 데이터 전문 회사이다. 80명 이상의 통계학자와 데이터 전문가들이 2만 2,500개 이상의 소스로부터 수집한 데이터를 바탕으로 6만 개 이상의 주제에 대한 통계와 시장분석 자료를 제공한다. 전 세계 기업, 연구 기관, 언론사들이 비즈니스 의사 결정과 학술 연구에 활용하는 대표적인 통계 플랫폼이다.

추천하는 숨겨진 명소나 맛집 정보를 적극적으로 탐색하며, 현지인의 일상을 경험하고 그 지역만이 간직한 고유한 분위기를 직접 체감하고자 한다. 그 결과 국가 간 경쟁과 더불어 지역 간 경쟁 역시 치열해지고 있다. 세계 각국의 지역들은 인바운드 관광객과 함께 자국민의 국내 여행을 유치하기 위해 총력을 기울이고 있다.

이러한 변화에 따라 지역의 고유한 가치, 즉 '지역다움' 혹은 '장소성(placeness)'에 대한 수요가 폭발적으로 증가했다. 지역마다 자신들의 고유한 가치를 강조하며 차별화된 매력을 선보이려 노력하고 있지만 안타깝게도 많은 지역들이 성공 사례를 모방하거나, 획일적인 관광 상품을 개발하는 데 급급한 모습을 보인다. 이는 지역 고유의 매력을 퇴색시키고, 관광객들에게 식상함을 안겨 줄 뿐이다.

이제는 단순히 과거의 유산을 답습하는 것이 아니라, 현재와 미래를 아우르는 새로운 '지역다움'을 창조해야 한다. 지역의 역사, 문화, 자연, 사람 등 모든 요소를 융합하여 독창적인 이야기를 만들어 내고, 이를 관광 상품에 녹여 내야 한다. 경남 거제시의 이수도는 '1박 3식'이라는 차별화된 민박 상품을 통해 성공적인 관광 모델을 제시했다. 섬 앞바다에서 나는 제철 해산물로 제공되는 푸짐한 세끼 밥상이 관광객들에게 특별한 경험을 선사하자 108명이 사는 섬에 13만 명이 놀러왔다. 자칫 무인도가 될 뻔했던 섬이 지역다움을 소비하려는 여행자들의 인기 방문지로 변모한 것이다. 천지개벽할 이 상황은 지역 주민들의 적극적인 참여가 동반되었기에 가능했다. 지역 주민들이 직접 관광상품 개발에 참여하고, 관광객들에게 지역의 매력을 소개하는 역할을 수행함으로써 진정한 '지역다움'을 전달할 수 있다.

이제는 단순히 남들의 성공 사례를 따라 하는 것이 아니라 우리 지역만의 독창적인 '지역다움'을 만들어 낼 때이다. 끊임없는 고민과 노력을 통해 지역의 역사, 문화, 자연, 사람 등 모든 요소를 융합하여 독창적인 이야기를 만들어 내고, 이를 관광 상품에 녹여 낼 때 비로소 우리 지역을 세계적인 관광 명소로 만들 수 있다.

2. 실패의 증거 '모방'과 '부재'로 드러나다

1) 숫자로 증명된 '복붙' 경쟁의 함정

우리 지역을 대표하는 관광 인프라는 무엇이 있을까? 각각의 지역을 대표하는 관광시설들은 어디에나 있다. 그러나 우리 지역에만 있을까?

지방자치단체마다 국내 여행객 유치를 위해 팔을 걷고 나선 지 수십 년이다. 지역 경제 활성화를 위한 가장 효과적인 정책 수단으로 관광이 활용되고, 트렌드의 변화로 '로컬'이 주목을 받으면서 관광객 유인을 위한 지자체의 경쟁은 갈수록 심화되고 있다. DMO(Destination Management Organization)나 RTO(Regional Tourism Organization)와 같은 지역관광 마케팅 전담 조직을 만들어 사람들의 소비 욕구를 불러일으킬 콘텐츠를 생산하는 한편 모노레일, 케이블카, 스카이워크, 짚라인 등 하드웨어 시설도 만들어 내고 있다. 그런데 고민스러운 것은 이런 콘텐츠가 우리 지역에만 있지 않다는 것이다. 지자체마다 수백억 원을 투자하며 시설을 만들고 마케팅을 하지만 결과는 기대와 다르게 흘러간다. 개장 초기에는 세간의 주목을 받게 됨에 따라 지속성을 담보할 수 있는 것처럼 보이지만 시간이 지나면서 점차 사람들의 발길이 끊어지는 경우가 허다하다. 하나의 히트곡만을 발표한 후 소리 소문 없이 사라지는 아티스트를 '원 히트 원더(One Hit Wonder)'라고 하는 데 이런 경우를 관광시설 분야에서도 심심치 않게 찾아볼 수 있다.

출렁다리 254개, 케이블카 43개… '복붙 경쟁' 지역관광

대표적인 사례가 '출렁다리'다. 2024년 기준 전국에 254개의 출렁다리가 있지만 지금도 만들고 있거나 검토 중인 지자체가 많다. 특히 전남, 경남, 경북, 강원 등 일부 지역에는 20~30개의 출렁다리가 있다. 지역다움을 내세우며 조성했지만 개장 효과만 누리고 유지 보수에 애를 먹는 곳이 한둘이 아니다. 2009년 준공 당시 국내 최장(207m)이라는 마케팅을 펼쳐 한 해 100만 명이 넘게 찾아오던 충청남도 청양군 천장호 출렁다리는 2024년 33만 명대로 감소했다. 강원도 원주시 소금산 그랜

전국 각지에 급증하는 출렁다리 (단위: 개)

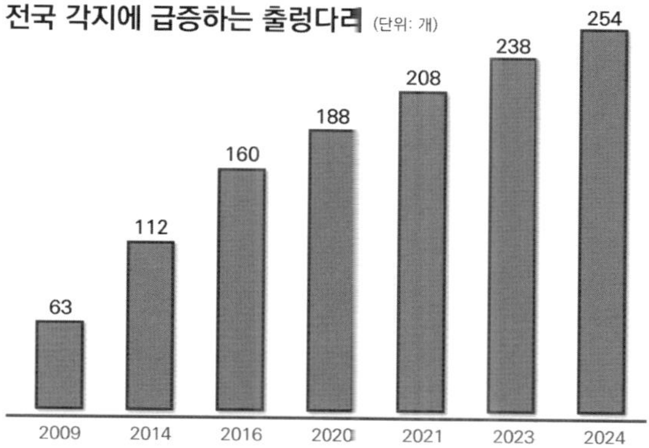

자료: 행정안전부.

드밸리에는 출렁다리가 2개나 있다. 2018년 소금산 출렁다리(200m)가 개통하자 이듬해 69만 명이 방문했지만 2020년에는 27만 명, 2021년에는 33만 명으로 반토막이 났다. 이후 2022년 보행용 현수교 '울렁다리(404m)'를 새롭게 만들자 82만 명이 몰리는 등 정점을 찍었다. 하지만 2023년에는 50만 명, 2024년에는 16만 명으로 줄었다.

케이블카 역시 마찬가지다. 2024년 기준 전국에 설치된 관광용 케이블카는 이미 43개에 달하며, 특히 전라남도와 경상남도 해안선을 따라 무려 11개가 우후죽순 생기면서 관광객을 뺏고 뺏기는 '제로섬 게임'이 펼쳐지고 있다. 전라남도 목포시 '목포해상케이블카'와 해남군 '명량해상케이블카', 경상남도 사천시 '바다케이블카'와 하동군 '하동케이블카'와의 거리는 각각 30km에 불과하다. 문제는 이러한 과잉 공급에도 불

전국 관광용 케이블카 현황 (2025년 4월 기준)

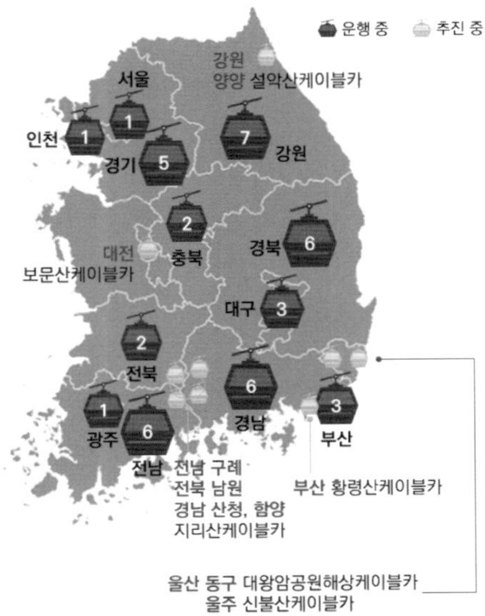

자료: 한국교통안전공단.

구하고 새로운 케이블카 설치 계획이 끊이지 않는다는 점이다. 제주에서는 관광산업 침체를 이유로 한라산 케이블카 설치가 다시 공론화되고 있으며, 지리산, 계룡산, 월출산, 무등산, 속리산 등 전국의 국립공원은 물론 경남 창원 마산만·장복산, 부산 황령산, 경북 문경 문경새재 등 국립공원이 아닌 곳까지 포함하면 20곳이 넘는 지역에서 케이블카 설치가 추진 중이다.

이미 시장은 포화 상태에 도달했다. 여러 지역의 운영 실적은 경고음

충남 전망대 높이 경쟁

을 울리고 있다. 2021년 개통한 명량해상케이블카는 3년간 누적 적자가 148억 원에 달하며, 2022년 문을 연 하동케이블카 역시 78억 원의 누적 적자를 기록했다. 심지어 한때 성공 신화의 상징이었던 통영케이블카마저 2023년 39억 원의 적자를 내며 하락세를 피하지 못했다. 이는 단순히 남을 따라 하는 전략이 얼마나 위험하며, 지속 불가능한 방식인지를 증명하는 명백한 증거다.

최근에는 전망대 조성 바람이 불어닥쳤다. 2023년 충청남도 태안군 안면도에 51m 높이의 영목항 전망대가 들어서자 이듬해인 2024년에는 약 20km 떨어진 홍성군 남당항에 65m 높이의 전망대가 세워졌다. 경쟁은 여기서 멈추지 않았다. 같은 해 하반기에 예산군 예당호에 이보다 5m 더 높은 70m 높이의 전망대가 문을 연 것이다. 관광객 유치와 지역의 랜드마크 조성을 명분으로 내세웠지만 인접한 지방자치단체들 간의 소모적인 경쟁으로 보이는 이들 시설은 5년 후 각각의 지역에서 '보물단지'와 '애물단지' 중 어떤 취급을 받게 될까?

평균 실종 시대 … 유별나야 관광이 산다

지자체들의 유사시설 도입 경쟁은 관광객 분산이라는 부작용을 불러와 시설의 적자 발생과 유지 보수의 어려움을 낳고, 결국 예산 낭비라는 오명을 쓰게 된다. 획일화된 관광 인프라는 관광객들에게 더 이상 매력적으로 다가오지 않기 때문이다.

이런 현상이 나타나는 근본적인 이유는 무엇일까? 단기 성과에 급급한 공직 사회의 문화가 '정책 베끼기'에 익숙해져 있고, 그러다 보니 지역의 고유한 특성이 매력으로 부각되지 못하는 관광정책이 획일적으로 양산되고 있기 때문이다.

지자체들은 단기간에 관광객을 유치하고 지역 경제를 활성화하려는 조급함에 빠져 검증된 성공 사례를 그대로 모방하는 경우가 많다. 특정 시설이 어느 한 지역에서 인기를 얻으면 곧바로 비슷한 인프라가 전국 곳곳에 생겨난다. 관광객들은 비슷한 풍경에 실망하게 되고, 약화된 차별성은 경쟁력을 떨어뜨리는 결과를 초래한다.

우리는 '평균 실종'[3]의 시대에서 살아가고 있다. 이는 통계상 중간 값이 의미를 잃어버리는 것이 아니라 사회 전반의 시장구조와 소비 행태가 변화하고 있다는 것을 의미한다(김난도 외, 2022). 과거에는 대중을 기반으로 한 거대 시장이 사회의 중심을 차지했다면 이제는 개인의 취향과 가치관에 따라 시장이 세분화, 파편화되고 있다. 소비자는 평범한, 그리고 어디서나 경험할 수 있는 흔한 것 대신 남다르고 유별난 것에 반응하고 있고, 이때 비로소 관련 콘텐츠는 지속성을 가지게 된다.

따라서 지역관광이 지속가능한 경쟁력을 확보하기 위해서는 우선 '평균'을 버려야 한다. 어설픈 평균을 추구하며 모두를 만족시키려는 욕심을 버리고 대신 우리 지역만이 가진 '유별남'과 '남다름'에 집중해야 한다. 평범함이 아닌 비범함, 보편성이 아닌 특수성이 지역관광의 성패를 가르는 기준이 되고 있다.

2) 건물만 있고 콘텐츠는 없는 공간

요즘은 공간이 중요한 콘텐츠로 자리 잡았다. 과거에는 여행을 계획할 때 지역을 목적지로 삼는 게 일반적이었으나 최근에는 특정 공간만의 특별한 경험을 찾아 떠나는 경향이 강해지고 있다. 그래서 소멸 위기

3 서울대학교 소비트렌드분석센터가 '2023 트렌드 코리아'에서 제시한 용어로서 사회 양극화가 심화되면서 평균 자체가 사라지는 현상을 의미한다. 대다수 소비자가 찾는 무난한 상품으로는 경쟁에서 뒤처지며, 평균을 뛰어넘는 대체 불가능한 상품만이 살아남을 것으로 전망했다.

공간 = 콘텐츠

지역을 살리는 건축과 경험의 힘

사람들은 건축물 안의 특별한 경험을 찾아 방문한다

에 처한 지역을 되살리거나 도시 재생의 주요한 수단, 그리고 지역관광을 활성화시키는 효과적인 방법으로 주목받는 것이 '건축'이다. 건축물은 건축주와 건축가의 시대정신, 철학, 사상, 가치관 등이 녹아들어있다. 그중에서도 독창적인 건축물은 그 자체로 강한 인상을 남기며, 사람들의 시선을 붙잡게 된다. 하지만 건축물을 풍경으로 보는 것에 만족하지 않고 공간 안으로 사람들이 찾아가는 이유는 그곳에 차별화된 콘텐츠가 있기 때문이다.

전국 지방자치단체 사무관 승진자를 대상으로 하는 강의에서 관광 트렌드를 묻는 질문을 받고 "F&B(Food and Beverage)에서 변형된 C&B(Coffee and Bakery)"라고 말했던 기억이 있다. 사람들은 대형 카페를 성지순례 하듯 찾아다니고 있다. 다만 시각적으로 화려한 건물을 찾아가지는 않는다. 좋은 커피와 맛있는 빵, 차별화된 서비스, 그리고 무엇보다 그곳만이 가지고 있는 특별한 감성이 조화를 이룰 때 사람들은 비로소 공간을 방문하고 소비하게 된다. 즉, 무조건 지을 게 아니라 사람의 호기심을 불러일으킬 만한 콘텐츠를 발견하는 것이 중요하다.

강원특별자치도 원주시에는 국내 최초, 최대 규모의 전원형 미술관 뮤지엄 산(SAN)이 있다. Space(공간), Art(예술), Nature(자연)의 앞글자를 딴 이름처럼 자연을 거닐며 건축과 예술을 감상할 수 있는 곳이다. 노출 콘크리트를 활용한 미니멀한 디자인으로 잘 알려진 '안도 다다오(安藤忠雄)'가 설계하고, 빛과 공간의 예술가 '제임스 터렐(James Turrell)'의 독창적인 작품을 체험할 수 있는 미술관, 돔 형태의 천장 틈에서 빛이 들어와 신비로운 분위기를 연출하는 명상관 등을 비롯해 모든 공간이 방문객들에게 특별한 선물 그 자체가 되고 있다.

서울에서 자동차로 두 시간 거리인 이곳에 뮤지엄을 계획할 때 "누가 이런 산골에 오겠느냐?"는 회의적인 반응이 다수였다. 그러나 2015년 개관 이후 지난 2023년까지 이곳을 찾은 관람객은 184만 명으로 연평균 23만 명에 달한다. 특히 2023년 원주시를 찾은 관광객 307만 명 중 12%(37만 2,679명)가 뮤지엄 산을 찾았다(관광지식정보시스템 주요 관광지점 입장객 통계). '뮤지엄 산'은 군사도시였던 원주의 이미지를 문화예술도시로 바꿔놓았다.

이처럼 민간 영역의 건축물들은 콘텐츠를 가지고 사람을 불러들이는 사례를 계속 만들어 내고 있는 반면, 공공 영역의 건축물들은 관광객은

지역 공공문화예술시설 손익 현황 (단위: 백만 원)

구분	2020년	2021년	2022년	2023년	비고
부산문화회관	1,667	1,096	928	-144	민간 위탁운영
인천문화예술회관	-8,302	-9,652	-25,179	-25,179	
대구문화예술회관	-7,509	-20,657	-6,587	-4,759	2022년부터 민간 위탁
광주예술의전당	-30,979	-36,360	-49,542	-35,557	
대전예술의전당	-9,307	-11,205	-	-12,236	
울산문화예술회관	-16,654	-16,291	-21,365	-21,366	

주: -는 당해 연도 비공개.
자료: 지방재정 365.

물론 지역 주민들을 위한 문화향유 공간으로 사랑받고 있을까? 박물관, 기념관, 문예 회관 등 다양한 시설들이 만들어지고 있지만 콘텐츠가 없거나, 있더라도 차별성이 없다 보니 정체성은 없고, 그래서 사람은 찾아오지 않는 애물단지가 되는 경우가 많다. 서울을 제외한 6대 광역시의 문화회관 운영 성적은 참담하기 그지없는 수준이다. 공개된 자료를 기준으로 가장 최근인 2023년 기준 모든 문화회관이 적자를 기록하고 있다. 그나마 눈에 띄는 대목은 대구문화예술회관이 민간 위탁으로 전환된 2022년부터 적자 규모가 급감했고, 적자로 돌아서긴 했지만 2020년부터 3년간 흑자를 기록한 부산문화회관 역시 민간이 위탁 운영하고 있다는 점이다.

기초 지자체의 경우는 더욱 심각하다. 경상북도 안동시 '유교랜드'는 안동을 대한민국 정신문화의 수도로 브랜딩하기 위해 계획된 '안동문화관광단지' 조성 사업의 핵심 시설로 구상되었다. 총 사업비 430억 원이 투입되어 2013년 7월 정식 개관했지만 이듬해 받아든 손익 보고서는 처참했다. 2014년 수입 목표는 9억 5,400만 원이었지만 결과는 목표 대비 31%인 2억 9,600만 원에 그쳤다. 입장객 수 역시 목표는 13만 4천 명이었으나 실제 입장객은 6만 3,616명에 불과했다. 그리고 10년이 지난 2023년 입장료와 대관료를 포함한 수익은 1억 900만 원이지만 운영비는 13억 4천만 원이었다. 수입은 감소하고 운영비 부담이 늘어난 결과는 일시적인 현상이 아니라 만성적인 부진의 늪에 빠져들었음을 의미한다.

이런 비슷한 일들이 전국 각지에서 발생하고 있다. 해당 지자체에서는 명분이 있어서 만들었겠지만 관광객의 시선으로 보면 다르게 느껴진다. 민선 시대 단체장의 치적 쌓기와 중앙정부의 예산확보 의욕이 앞선 행정, 기획의 부재 및 부실, 양적지표와 상업적 흥행 몰두로 인한 단기용 차별화 등이 맞물리면서 관광객은 찾지 않고 외형만 빛나는 건물이 우후죽순 들어서고 있다.

차별화된 지역특화 모델을 고민해야 한다. 단순한 모방과 답습에서 벗어나 창생(創生)에 가까운 혁신적 접근이 필요한 시점이다. 지역관광의 진정한 경쟁력은 다른 곳에서는 경험할 수 없는 독립적이고 독창적인 콘텐츠를 창조할 때 비로소 발현된다. 대한민국을 구성하는 전국

226개 기초자치단체가 각자의 고유한 자원과 특성을 바탕 삼아 226개의 콘텐츠로 경쟁할 때 지역관광은 양적 성장을 넘어 질적 도약을 이룰 수 있을 것이다. 이러한 다양성과 차별성이야말로 지속가능한 지역관광 발전의 핵심 동력이다.

3. 위기 탈출의 나침반, 근본을 다시 묻다

1) 무엇으로 오게 할 것인가?

이동을 전제로 한다는 관점에서 관광의 기원은 인류가 지구상에 존재하면서부터 시작되었다. 최초의 이동은 생존을 목적으로 지금보다 더 좋은 삶의 터전을 찾기 위한 일종의 '서바이벌 트레블(survival travel)'이었다. 이후 고대 이집트와 그리스, 로마 시대를 거치면서 사람들의 이동은 생존에서 벗어나 종교, 체육, 요양, 식도락, 예술, 산악, 탐험 등 다양한 동기로 실행되었다. 로마제국 멸망 후 관광은 1천 년의 암흑기라는 중세 시대를 거친 뒤 근대 시대와 산업혁명 시대를 맞이하면서 견문 확대와 여가의 수단으로 주목받으면서 산업으로 급성장하게 되었다. 1841년 영국의 토머스 쿡이 세계 최초의 패키지 기차 여행을 기획하면서 근대적 관광의 형태를 갖추기 시작했고, 제2차 세계대전 이후 관광

관광의 진화 과정

생존을 위한 이동에서 지속가능한 경험으로 발전

고대
생존을 위한 이동
더 나은 삶의 터전을 찾기 위한 'survival travel'

고대 ~ 중세
여행 목적의 다양화
종교, 예술, 탐험, 요양 등 다양한 동기 발생

근대 ~ 산업혁명
근대 관광의 시작
세계 최초 패키지 관광 등장, 견문 확대와 여가의 수단

제2차 세계대전 이후
대중관광 시대
단체·개별 여행 급증, 여가 선용과 자기계발 활동

현대
대안 관광의 등장
지속가능성, 주민 존중, 환경보전 추구, 책임·공정·생태 관광 등

의 동기가 여가 선용과 자기계발 활동 등으로 다양해지며 단체 여행과 개별 여행의 형태가 급증하기 시작해 대중 관광(Mass Tourism)의 시대가 열리게 된다.

이후 관광이 산업으로 육성되고 활성화되면서 나타난 오버투어리즘(Overtourism)[4], 투어리스티피케이션(Touristification)[5] 같은 여러 부정적

4 수용력을 초과하는 관광객이 관광지에 몰려들어 도시를 점령하고 주민들의 삶을 침범하는 현상이다. 관광개발 초기 관광객 수 증가는 숙박 시설, 식당, 상점 등을 이용하면서 지역 주민들의 소득 증가, 고용 창출, 재정수입 증대 등 지역 경제 활성화에 긍정적인 영향

현상을 극복하기 위해 '대안 관광'이 주목받게 된다. 대중관광시대 단체 여행을 중심으로 나타난 관광의 모습과는 다르게 목적지 주민의 삶과 문화를 존중하고, 환경과 자연을 보전하며 지속가능한 발전에 보탬이 되는 관광을 일컫는 말로 생태 관광, 책임 관광, 공정 관광, 문화 관광, 마을 관광, 녹색 관광, 슬로우 관광 등 다양한 형태로 등장했다.

이처럼 인류의 이동과 문명의 발전 단계에 따라 동기는 세분화되고 체계는 고도화되어 온 관광의 기저에는 새로움을 추구하는 사람의 특성이 자리하고 있다. 사람은 지루함을 참지 못하기 때문에 여행을 하며, 인간의 유전자에는 끊임없이 어디론가 떠나고 싶어 하는 욕망이 새겨져 있다. 인류 문명이 발달해 온 과정이 곧 이동의 역사라는 점을 생각해 보라. 그래서 프랑스의 철학자 '가브리엘 오노레 마르셀(Gabriel Honore Marcel, 1889~1973)'[6]은 인간을 '호모 비아토르(Homo Viator)', 즉 '여행하

을 미치지만 수용 능력을 초과하는 관광객 유입은 부정적인 결과가 긍정적인 효과를 상쇄하거나 훨씬 더 크게 작용할 수 있다.

5 일반 주거지역의 관광지화를 가리키는 '투어리스티파이(Touristify)'와 치솟는 임대료에 원주민이 내쫓기는 현상을 일컫는 '젠트리피케이션(gentrification)'의 합성어이다. 젠트리피케이션이 낙후된 구도심 개발로 외부 자본이 유입되면서 임대료가 상승해 원주민이 내몰리는 현상이라면, 투어리스티피케이션은 관광지화가 되면서 필수 편의시설이 사라지고 거주민이 떠나면서 결국 주변 집값이 내리는 현상을 의미한다.

6 프랑스의 철학자, 극작가로 파리 대학과 몽펠리에 대학에서 강의했다. 그리스도교적 실존주의 사상에 기반한 그의 철학은 구체적인 인간의 삶과 경험에 중점을 두고, 개인이 공동체와 어떻게 '관계' 맺고 '참여'하는지, 삶의 신념과 의미는 무엇인지 같은 근본적인 질문에 주목하고 있다. 저서로는 『형이상학적 일기(Journal métaphysique)』(1927), 『존재

“

인간은 길 위에 있을 때
아름다운 존저가 된다.
스스로 길을 찾아 떠나고,
자신의 길을 만들어 가는 여정 …
그래서 사람은 도두 여행자다

”

는 인간'으로 정의했다. '비아토르'는 '걷는 자', '지나가는 자', '나그네'를 의미한다. 삶의 의미를 찾아 길을 떠나는 여행자, 한곳에 정착하지 않고 방황하며, 스스로 가치 있는 삶을 찾아 나서는 존재를 가리킨다. '호모 비아토르'는 길 위에 있을 때 아름다운 존재가 되는 것이다. '길'의 어원이 '길들이다'라는 것을 이해한다면 여행은 스스로 길을 찾아 떠나고, 자신의 길을 만들어 가는 여정이라고 할 수 있다. 그래서 사람은 모두 여행자다(Marcel, 2010).

그런데 현재를 살아가고 있는 우리는 무슨 이유로 여행을 떠나고, 왜 그곳을 목적지로 선택하게 될까? 새로운 경험 추구, 휴식과 재충전, 학습과 자기 발견, 사회적 이유, 현실적 이유 등 다양한 동기가 있다. 여기서 주목해야 할 점은 여행하는 이유와 목적이 각기 다르지만 이면에는 이것을 관통하는 본질이 있다는 것이다. 바로 '일탈'이다. 익숙한 삶의 터전에서 벗어나 낯선 문화권에 들어서면 여행자는 잠시나마 이방인이 되고, 일상의 공간에서 쉽사리 하지 못했던 행동도 과감하게 시도하게 된다. 직함이나 사회적 편견, 규범 등에서 자유로워지기 때문이다. 그 순간 우리는 완벽하게 일상에서 벗어난 기분을 느끼게 되는데 이를 '일탈'이라고 하며, 이를 통해 여행자는 즐거움과 행복함을 느끼게 된다.

와 소유(Être et avoir)』(1935), 『호모 비아토르(Homo Viator)』(1944), 『존재의 비밀(Le Mystère de l'être)』(1951) 등이 있다.

그렇다면 지역에 많은 사람들이 찾아오기를 희망하는 우리는 무엇으로 관광객을 찾아오게 해야 할까? 여행자들이 그들의 일상에서 경험할 수 없는 자유와 즐거움, 이를 통한 행복을 경험할 수 있도록 해야 한다. 관광은 즐거운 경험을 디자인하는 산업이다. 따라서 우리 지역을 찾는 방문객들이 예측 불가능한 즐거움과 자유를 만끽하고, 잊지 못할 특별한 '일탈'의 순간을 느낄 수 있도록 하는 것이 핵심이다.

"생각이 현실을 창조한다"는 믿음에 기반한 '끌어당김의 법칙(Law of Attraction)'[7]이 있다. 사고의 방향에 따라 긍정적인 결과와 부정적인 결

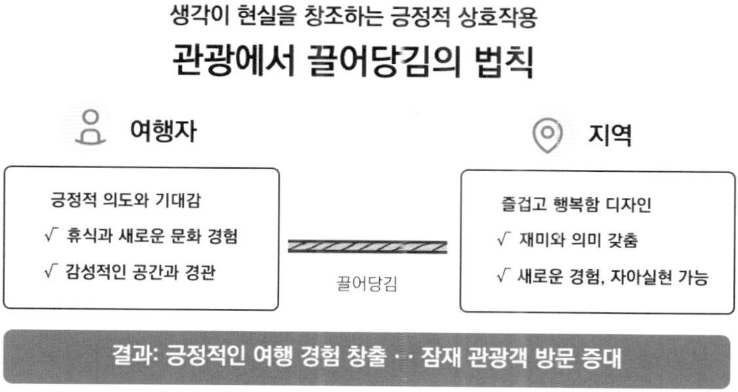

7 끌어당김의 법칙은 론다 번(Rhonda Byrne)의 저서 『시크릿(The Secret)』(2015)을 통해 널리 알려졌다. 다양한 인터뷰와 사례를 통해 끌어당김의 법칙을 현대에 대중적으로 확산시켰다.

과가 우리의 삶에 끌어당겨진다는 것이다(번, 2015). 여행을 계획하는 사람들은 보통 휴식과 새로운 문화의 경험, 감성적인 공간과 아름다운 경관 등을 경험할 수 있다는 긍정적인 의도를 가지고 있다. 이러한 생각과 기대감은 긍정적인 여행 경험을 끌어당기는 힘이 된다. 그렇다면 관광의 대상인 지역은 잠재적인 관광객들의 긍정적인 의도를 자극시켜 즐겁고 행복할 수 있도록 디자인해야 해야 한다. 이곳에 오면 재미있고, 의미가 있으며, 새로운 경험을 통해 자아실현을 할 수 있다는 믿음을 심어 주는 것이다.

이제 여행은 특별한 사람이나 특별한 기간에만 하는 것이 아니다. 일상이 여행인 시대에 우리 지역만의 생활관광을 디자인함으로써 사람들이 찾아오도록 해야 한다.

건물의 화려함이 곧 프리미엄 서비스를 의미하지는 않는다. 중요한 것은 그 안에 담긴 '내용(콘텐츠)'이다. 고객은 자신이 지불하는 가격에 걸맞은 실질적인 경험과 서비스를 원한다. 사실 대한민국에서 좋은 시설, 서비스, 환경은 다 서울과 수도권에 있다. 그들과 경쟁해서 지역에 관광객을 유인하려면 무엇을 해야 할까? '이곳에 와야만 하는 이유'를 명확하게 디자인해야 한다.

잠재적인 여행자들을 우리 지역으로 간절하게 이끌고 싶다면, 고유한 생활 문화를 바탕으로 잊지 못할 '특별한 일탈'을 정성껏 디자인해 보는 것은 어떨까?

2) 어떻게 개발할 것인가?

관광은 지역 경제에 활력을 불어넣는 핵심 동력으로 주목받고 있다. 고용과 소득을 창출하는 것은 물론, 재정수입 증대에도 크게 기여하여 지역경제 전반을 윤택하게 만든다.

특히 인구 감소와 고령화라는 국가적인 과제에 직면하여 존립 자체가 위협받는 대한민국 농어촌 지역에 관광이 소멸을 막고 새로운 활력을 불어넣을 수 있는 가장 현실적이고 효과적인 정책 대안으로 폭넓게 활용되고 있다는 점은 이미 알려진 사실이다.

매력적인 관광자원을 개발하고 이를 적극적으로 홍보함으로써 인구 밀도가 낮은 지역의 잠재된 소규모 경제를 깨우고, 외부로부터 꾸준히 생활인구를 유입시켜 지역사회의 활력을 되찾음으로써 궁극적으로 정주인구 증가까지 기대할 수 있다. 이러한 이유로 전국 각 지방자치단체는 저마다의 특색을 살린 관광 상품을 개발해 더 많은 관광객이 오고, 그들이 더 많은 소비를 하며, 이로써 지역경제 전반에 걸쳐 실질적인 혜택이 돌아오기를 간절히 희망하고 있다. 이는 지역 주민들의 삶의 질 향상과 지역사회의 지속가능한 발전으로 이어질 수 있다는 믿음 때문이다.

하지만 이제는 양적으로 팽창하던 대량 관광의 시대가 아니다. 대형 관광버스를 이용하여 정해진 코스를 빠르게 순회하는 단체 관광은 더 이상 현대인들의 여행 트렌드와 부합하지 않는다. 대신 개인의 고유한 취향과 개성을 존중하고 반영하는 맞춤형 여행, 그리고 인위적으로 과장되거나 무대화되지 않은, 그 지역만이 가지고 있는 진솔하고 자연스러운 매력을 지닌 관광자원을 선호하는 개별 여행이 명실상부한 여행의 주류로 확고하게 자리 잡았다. 이는 일시에 수많은 관광객이 물밀듯이 밀려와 돈 쓰고 가기를 희망하는 지역의 바람과는 다른 방향으로 전개된 것이다.

물론 비수도권 지역에서도 이탈리아 베네치아나 스페인 바르셀로나, 심지어 서울 북촌 한옥마을처럼 수용력 이상의 관광객이 몰리는 '오버투어리즘' 현상을 은근히 기대하는 곳도 있을 수 있다. 그러나 소셜 미디어의 발달과 여행경험 공유의 활성화로 인해 개별 여행이 보편적인 문화로 깊숙이 자리 잡은 현재, 서울, 제주, 부산, 여수 등 인기를 누리는 대도시 및 유명 관광거점을 제외하고는 과거와 같은 대규모 단체 관광객의 발길을 찾아보기란 현실적으로 매우 어렵다.

따라서 지역 관광정책은 단순히 관광객 숫자를 늘리는 데 조바심을 내는 대신 개별 관광객의 만족도를 높여 자발적인 재방문을 높이고, 이들이 온라인을 통해 확산시키는 입소문이 더 많은 사람을 불러들여서 마치 대량 관광과 같은 파급효과를 창출하는 방향으로 정책의 중심축을 전환해야 한다. 지역의 고유한 특색과 매력을 반영한 차별화된 체험 콘텐츠를 적극적으로 개발하는 동시에, 특정 인기지역에 관광객이 과도하게 집중되는 현상을 완화할 수 있도록 균형 잡힌 관광분산 전략을 마련

"

FROM 획일화, 과밀화, 숫자 중심의 **양적 성장**

↓

TO 만족, 재방문, 입소문 중심의 **질적 성장**

만족한 한 명이 천 명을 부르는

선순환 구조를 만들어야 한다

"

하는 등 양적 성장 중심의 낡은 패러다임에서 벗어나 질적 성장 중심으로 과감하게 바꿔야 한다.

과거에는 관광객 수 증대가 곧 지역 경제 활성화로 이어지는 단순한 공식이 통용되었지만, 이제는 개인 소득 3만 달러를 넘어서는 선진국 시대다. 사람들은 획일적이고 짜여진 단체 여행보다는 자신의 개성과 취향을 충족시키는 맞춤형 개별 여행을 훨씬 더 선호하며, 전국적인 교통망 확충과 접근성 향상으로 인해 시간과 공간의 제약 없이 자신이 원하는 곳으로 언제든 자유롭게 이동할 수 있게 되었다.

따라서 앞으로의 지역관광 개발은 단순히 보여 주기식 시설 확충이나 일회성 이벤트 개최보다는 방문객의 만족도를 높이는 데 핵심적인 초점을 맞춰야 한다. 오늘날의 여행자들은 이미 수도권의 잘 갖춰진 인프라와 높은 수준의 서비스를 경험했을 뿐만 아니라, 해외여행 경험과 발달된 소셜 미디어 채널을 통해 전 세계의 다양한 정보를 실시간으로 습득하고 있다. 그러므로 이제 지역의 숙박 시설이나 관광자원 개발 시에는 최소한 국제적인 기준 이상의 품질과 편의성을 확보해야만 경쟁력을 갖출 수 있다. 여기서 더 나아가 단순히 시설만 번지르르하게 만드는 것이 아니라, 그 지역만이 가진 고유한 역사와 문화, 흥미로운 스토리를 섬세하게 담아낸 차별화된 콘텐츠와 진정성 있는 서비스를 제공하여 '프리미엄' 이미지를 효과적으로 구축해야 한다.

이러한 지속적인 노력과 차별화된 전략은 우리 지역을 평균적인 수준을 뛰어넘는 매력적인 곳으로 자리매김하게 하고 동시에 강력한 브랜드 이미지를 구축하게 만든다. 궁극적으로, 차별화된 매력은 더 많은 사람들의 자발적인 방문을 유도하고, 지역 경제 활성화라는 본질적인 목표를 성공적으로 달성하는 원동력이 될 것이다.

3) 누구를 위한 개발인가?

관광 개발은 쇠퇴하는 지역을 되살리는 만능 해결책이 될 수 있을까? 고용 창출, 소득 증대, 재정수입 확보 등 지역 경제 활성화에 기여하는 긍정적인 측면은 분명히 존재한다. 특히 인구 감소와 고령화로 소멸 위기에 놓인 농어촌 지역에 관광은 매력적인 대안으로 여겨진다. 하지만 빛이 있으면 그림자가 드리우듯, 관광 개발은 혼잡, 환경 훼손, 사회적 비용 발생 등 다양한 부정적인 결과를 초래할 수도 있다. 그렇다면 관광 개발의 긍정적 효과를 극대화하고 부정적 효과를 최소화하며, 진정으로 지역 활성화에 기여하기 위한 핵심 조건은 무엇일까?

관광 개발의 주된 목적은 방문객 유치를 통해 지역 경제를 활성화하는 것이다. 관광객의 소비는 지역 주민의 소득 증대와 고용 창출로 이어지고, 이는 곧 지역 재정수입 증가로 연결된다. 또한, 관광지 개발은 지역 주민들에게 정주여건 개선과 같은 직간접적인 사회적, 경제적, 환경적 혜택을 제공하며 삶의 질 향상을 가져다준다. 이러한 이유로 관광개

"

행정·자본 중심의 개발은

성장의 한계를 드러내지만

주민의 삶과 행복을 우선하는 개발은

관광이 지속된다

"

발계획 수립 시에는 장점과 편익을 최대한으로 끌어올리는 방안을 모색하는 데 집중하게 된다.

반면 관광객의 유입은 예상치 못한 사회문제를 야기하기도 한다. 특정 지역의 혼잡, 교통 체증, 소음과 범죄 발생 가능성 증가, 환경 훼손, 쓰레기 및 오수 처리 문제 등 다양한 사회적 비용이 유발될 수 있다. 더욱이 물가 상승은 원주민들의 생활 터전을 위협하여 이탈을 부추기는 심각한 사회문제로 이어지기도 한다. 따라서 성공적인 관광 개발을 위해서는 이러한 부작용을 사전에 예측하고 극복할 수 있는 현실적인 방안을 함께 고민해야 한다.

장점과 편익을 극대화하고, 부작용을 최소화하려는 노력은 궁극적으로 지역 경제 활성화, 지역 이미지 개선, 그리고 주민들의 삶의 질 향상이라는 목표를 달성하기 위해서다. 그리고 이 과정에서 가장 중요한 것은 관광 개발에 지역 주민의 참여가 단순히 형식적인 절차를 넘어 실질적인 영향력을 행사할 수 있어야 한다는 점이다. 현재 대부분의 관광개발 방식에는 주민 공청회나 주민 위원회 등 제도적 틀은 마련되어 있다. 하지만 현실을 자세히 들여다보면 주민들의 의견이 제대로 반영되지 못하고 형식적인 절차로 끝나는 경우가 많다. 특히 제도적 참여의 경우 개발을 시도하는 행정이나 민간 기업에 우호적인 태도를 보이는 주민들이 우선시되는 경향이 나타나기도 한다. 이는 결코 개인적인 느낌이나 편견이 아닌 현실에서 자주 목격되는 모습이다.

지역관광 개발 과정의
주민 참여 두 얼굴

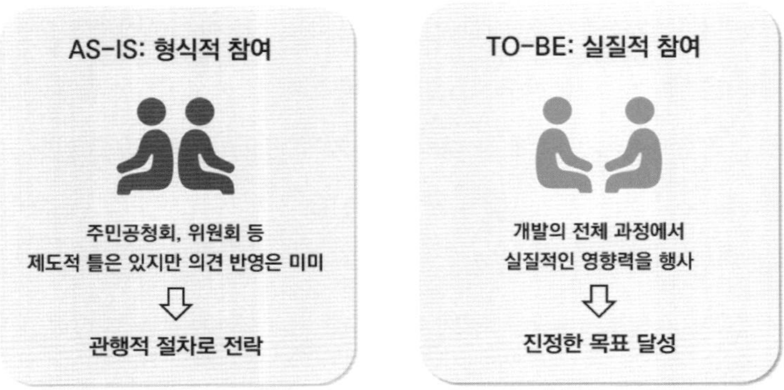

경제 침체와 성장 둔화를 장기간 경험하면서 기존의 낡은 인프라와 산업 시대의 성장 기반만으로는 더 이상 지역 발전을 효과적으로 논의하기 어려운 시대가 되었다. 특히 저출산과 고령화가 심각한 수준에 이르면서 외부로부터의 인구 유입과 같은 획기적인 변수가 없는 한 많은 농어촌 지역은 앞으로 30여 년 안에 소멸될 가능성이 높다는 암울한 전망까지 나오고 있다. 이러한 상황에서 과거의 낡은 잣대만을 고집하며 지역 발전을 이야기하는 것은 공허한 구호에 불과하다.

처음 등장했을 때 다소 생소하게 느껴졌던 '지방 소멸'이라는 단어가 우리 눈앞에 현실로 다가온 상황에서 지역 고유의 창조성을 기반으로 하는 유연성과 잠재력을 발휘하는 것이 더욱 중요하게 부각되고 있다.

참신한 아이디어와 풍부한 상상력, 그리고 각 지역이 가진 독특한 공간적 특성을 융합하여 차별화된 발전 전략을 계획하고, 사람들의 시선을 사로잡는 매력적인 인프라를 창의적으로 만들어 낼 수 있기 때문이다.

대한민국의 모든 지역은 관광 개발을 통해 누구나 방문하고 싶어 하는 명소(名所)가 되기를 꿈꾼다. 단순히 스쳐 지나가는 곳이 아니라 가고 싶고, 보고 싶고, 즐기고 싶은 특별한 매력이 있는 장소가 되고 싶은 것이다. 명소는 지역 발전에 헌신하는 마을 주민과 지역에 애정을 가진 관계인구의 노력과 협력을 통해 만들어지고 꾸준히 가꿔진다. 지역의 쇠퇴와 번영은 그곳을 둘러싼 내·외부 환경적 요인에 의해 불가피하게 영향을 받는 경우가 많지만, 그 핵심에는 그곳에서 삶을 일궈 나가는 지역 주민이 만족하고, 그래서 관광객 또한 찾고 싶어 하는 매력적인 공간을 창조해 나가는 데 있다.

지역 발전을 위한 명소화 전략의 핵심은 주민의 자긍심을 높여 지역의 고유한 전통과 풍부한 문화, 아름다운 자연환경을 반영한 다양한 사업과 특색 있는 프로그램을 지속적으로 만들어 내는 것이다. 즉, 행정이나 외부 자본이 주도하는 획일적인 개발 방식에서 벗어나 '주민이 주도하는 관광 개발'을 통해 그들의 일상적인 삶과 지역의 환경을 매력적인 콘텐츠로 만들어 여행자들이 자연스럽게 찾아오도록 해야 한다. 이를 위해서는 지역 주민이 주체적으로 참여하고 실질적인 의사결정 권한을 행사할 수 있도록 현재보다 더 열린 제도적 장치가 검토되어야 한다.

또한, 지역 주민과 외부 관광객이 서로 자유롭게 교류하고 소통하며, 관광개발 이후에도 지역사회가 지속가능한 성장을 이루어 나갈 수 있도록 주민 중심의 사회적 자본을 확충하고 강화하는 노력 또한 반드시 필요하다. 더 나아가 관광 개발로 인해 발생하는 소득이 실질적으로 돌아가도록 초기 단계부터 개발의 범위와 속도를 주민들이 스스로 조절할 수 있도록 권한을 부여하는 한편 개별적, 공동체적인 협력을 통해 관광 사업체를 직접 경영하고 운영할 수 있도록 환경을 조성하는 것이 중요하다.

주민이 소외된 채 행정 또는 외부 민간자본 주도로 진행되는 관광 개발은 단기적인 성과를 거둘 수는 있어도 장기적인 관점에서는 성장에 한계를 드러낼 수밖에 없다. 주민들의 안정적이고 지속가능한 삶이 보장되지 않는다면 진정한 의미의 지속가능한 관광 또한 존재할 수 없기 때문이다. 지역의 관광 개발은 찾아오는 관광객만을 위한 것이 아니라 그곳에서 살아가는 주민들의 행복과 삶의 질 향상을 최우선 목표로 삼아야 한다. 그렇기에 늘 주민이 소외되지 않고, 개발의 전 과정에 걸쳐 그들과 함께 고민하고 기획하는 진정한 의미의 주민 주도형 개발을 실천해야 한다. 이것이야말로 가장 현명하고 지속가능한 관광 개발의 해법이라고 확신한다.

4) 그래서 누가 운영할 것인가?

우리는 관광 개발이라는 명목하에 수많은 시설을 건설한다. 하지만 정작 중요한 질문은 던지지 않는다. "누가 운영해야 할까?", "공공 자금으로 지어졌으니 당연히 공무원들이 운영해야 할까?" 물론 그런 곳도 있지만 현실은 민간 위탁이나 재단 설립이라는 형태로 운영 주체가 바뀌는 경우가 대부분이다.

안타깝게도 우리는 건물을 먼저 짓고 나서야 운영 방식을 고민하고, 그에 맞춰 사람을 채용하는 순서를 반복해 왔다. 그 결과는 익히 예상 가능하다. 상당수의 관광시설들이 앞서 언급했던 것처럼 운영할 사람이 없는 곳으로 전락하게 된다. 막대한 예산을 투입하고도 지역 경제 활성화라는 본래의 목적을 달성하지 못한 채 관리조차 제대로 되지 않아 흉물스럽게 방치되는 사례를 너무나 많이 목격해 왔다.

그렇다면 일의 순서를 바꿔보면 어떨까? 시설 건립에 앞서 "누가 운영할 것인가?"라는 질문에 먼저 답해 봤으면 한다.

공공이든 민간이든 최근 관광개발의 방향은 '주민 주도형 관광 개발'에 초점을 맞추고 있다. 주민이 주도하는 관광 개발은 '주체성', '교류성', '지속가능성', '매력성' 등의 특징을 강조하고 있다. 개발 주체의 관점에서 지역사회를 구성하는 '지역 주민', 개발사업 대상의 관점에서 '매력적인 고유 자원', 개발 내용의 관점에서 '지역사회와 관광객의 교류', 개발

포용적 민간 주도 운영

"

주민들의 지혜와 상상력에서

나온 고유한 콘텐츠,

선주민과 이주민이 함께 만들어 가는

이야기가 있을 때

비로소 그 공간은 진정한 보물단지가 된다

"

사업 목표의 관점에서 '지역사회의 지속가능한 발전'이 주민 주도형 관광 개발의 핵심 가치를 구성하는 주요 요소라고 할 수 있다. 즉, 지역관광 개발은 그곳의 매력적인 자원을 발굴하여 사람을 불러들이고, 지역주민과 사회적, 경제적, 문화적으로 교류를 활성화시켜 지속가능한 발전을 이어 나가는 데 목적이 있다. 여기서 핵심은 늘 그곳에서 삶을 영위하는 '사람', 바로 지역 주민이다.

누가 운영할 것인지가 먼저 결정된다면, 그 운영 주체만이 만들어 낼 수 있는 독창적인 콘텐츠를 구상할 수 있다. 오랜 시간 지역에 뿌리내리고 살아온 주민들의 경험과 지혜, 그리고 그들이 가진 이야기는 그 어떤 화려한 시설보다 강력한 매력이 될 수 있다. 이러한 콘텐츠를 담아낼 수 있도록 설계된 시설은 자연스럽게 지속가능성을 확보할 것이다.

일본 야마나시현의 고스게촌(小菅村)은 '누가 운영할 것인가'라는 본질적인 질문에 주목함으로써 성공한 사례다. 2014년 지역소멸방지 차원에서 마을에 새로운 휴게소가 만들어졌지만 관광객들은 잘 곳 없는 시골 마을에서 단지 몇 시간만 머물다 떠났고, 지역 경제에 미치는 파급효과는 제한적이었다.

이러한 한계를 극복하기 위해 고스게촌 주민들은 "700명의 마을이 하나의 호텔로"라는 목표를 세우고, 운영 주체와 콘텐츠에 집중하는 패러다임의 전환을 시도했다. 마을 전체를 호텔로 만들고, 주민이 객실과 식당을 운영하는 혁신적인 전략을 마련한 것이다. 마을의 빈집(古民家)을

고스게촌 호텔의 본관인 '호소카와 저택'(왼쪽 위)과 내부 객실, 체험 활동 및 마을 주민들의 생산물로 만들어진 제철 음식.
▌Photo by https://nipponia-kosuge.jp/

리모델링하여 객실로 사용하고, 마을 길은 호텔의 복도로, 동네 식당은 호텔의 레스토랑으로 기능하게 하는 혁신적인 발상이었다.

특히 마을 호텔 프로젝트의 특징은 주민이 사업을 주도하고 행정은 지원하는 방식으로 진행되었다는 것이다. 지역 NPO 법인이 중간지원 조직 역할을 담당하고, 주민들이 설립한 '주식회사 엔가와(株式会社縁側)'가 호텔 운영의 주체가 되었다. 행정은 직접 개입하는 대신 규제 완화와 초기 인프라 구축 등 지원 역할에 머물렀다. 이를 통해 주민들은 주인의

식을 가지고 호텔운영 전면에 나서게 되었으며, 방문객은 무대화되지 않은 공간에서 진정한 현지의 삶을 경험하게 되었다. 그 결과, 고스게촌 방문객은 2014년 8만 명에서 2018년 18만 명으로 급증했으며, 높은 숙박료에도 불구하고 예약이 끊이지 않는 인기 관광지로 부상했다(日本交通公社, 2021). 일의 순서를 바꾼 접근이 큰 성과를 만든 셈이다. 고스게촌의 사례는 시설 공급에 앞서 운영 주체를 확립하고 지역공동체가 주도하는 비즈니스 모델을 구축하는 것이 지역관광의 성공과 지속가능한 지역 활성화 전략이 될 수 있다는 것을 보여 준다.

물론 대한민국도 민간이 주도하고 공공이 지원하는 형태의 관광 개발이 없지는 않다. 하지만 안타깝게도 실제 현장에서는 '팔 길이 원칙'이 제대로 지켜지지 않는 경우가 많다. 공공은 행정 및 재정 지원을 한다는 이유로 주도권을 가지려 하고, 민간은 참여 민주주의를 외치며 개발계획 수립 단계부터 목소리를 내고 싶어 한다. 이러한 입장차 속에서 때로는 선출직 공직자에게 영향력을 행사하는 특정 민간조직이나 단체가 사업을 좌지우지하려는 변형된 형태의 민간 주도가 나타나기도 한다. 특히 인구가 적은 농어촌 지역, 즉 유권자 수가 적은 소규모 지역일수록 선출직 공직자들에게 미치는 영향력이 크다. 이러한 현상은 더욱 심화되어 주민이라는 이름으로 포장된 정치적 성향의 단체나 이익 단체가 사업의 주도권을 쥐는 경우가 발생하게 된다. 그 결과, 지원사업 종료 후 제대로 운영되지 못하고 방치되거나 폐쇄되는 시설이 속출하며, 결

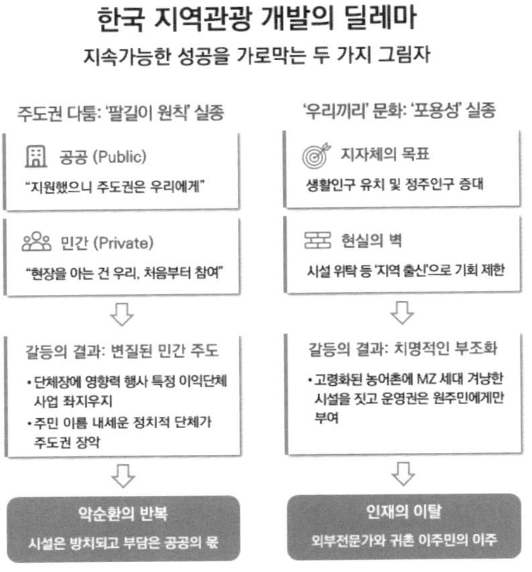

국 그 부담은 고스란히 공공의 몫으로 돌아온다.

또 '우리끼리'라는 폐쇄적인 민간위탁 문화 또한 개선해야 할 문제다. 지역소멸 위기에 대한 불안감이 커지면서 많은 지자체가 체류형 관광객 유치와 생활 및 정주 인구 증대에 힘쓰고 있다. 하지만 시설위탁 운영이나 전문가 채용 시 지역 출신으로 제한하는 경우가 비일비재하며, 이는 다양한 부작용을 낳는다. 고령화된 농어촌에 MZ 세대를 겨냥한 시설을 짓고 운영권은 지역 원주민에게만 제한하는 현실은, 어렵게 귀촌한 이주민마저 떠나게 만드는 결과를 초래한다.

몇 년 전 전라남도 A지역의 관광개발계획 수립을 위해 진행했던 주민 인터뷰에서 이장들은 한결같이 관광객 편의 시설을 요구했지만 속내는 자신들의 마을에 설치해야 하고, 운영은 본인들이 맡고 싶다는 욕심으로 가득했다. 비슷한 시기에 전국 지방자치단체 사무관 승진자를 대상으로 강의를 하던 중 이 일화를 언급했더니 유사한 의견들이 쏟아지는 것을 보고 내심 놀랐던 적이 있다. 우리 지역 예산인만큼 시설 운영은 그곳에서 나고 자란 주민에게 맡겨야지 이주민이나 외지인은 안 된다는 것이다. 일부이긴 하지만 기초지자체의 과장 직책을 수행하게 될 간부들의 이 같은 사고방식은 지방 공무원 사회에 뿌리 깊게 박힌 지역주의와 배타적인 운영 문화의 단면을 보여 준다.

지역 예산으로 조성된 시설의 운영권을 오직 토박이 주민에게만 줘야 한다는 생각은 외부 인력이나 새로운 아이디어의 유입을 막고 결과적으로 지역관광 개발의 실질적인 성공을 저해하는 요인으로 작용할 수 있다. 겉으로만 진정성이 담긴 것처럼 포장된 지역사회의 폐쇄적인 태도는 청년 유입과 인구 증대라는 농어촌 지역의 절박한 목표 달성에 걸림돌이 될 수 있다. 더 이상 이러한 방식의 관광 개발을 해서는 안 된다.

'지속가능성'이라는 단어의 진정한 의미를 되새겨 봐야 한다. 기존 주민은 물론이고 이주민이든 경제적인 활동을 위해 일시적으로 찾아오는 청년이든 모두를 포용하고 조화를 이룬 민간이 관광개발사업을 주도하고, 그들이 디자인하는 콘텐츠에 맞춰 시설이 조성될 때 비로소 오랫동안 사랑받는 공간을 만들 수 있다. 단체장의 임기 내 치적 쌓기용으로 추진되는 공공 주도의 개발은 결국 작동이 멈추고 방치될 가능성이 높다. 새로운 단체장이 들어설 때마다 다른 철학으로 접근하고, 공무원들은 소위 윗분들의 눈치만 보며 그때그때 다른 정책을 쏟아 내고 실행하기 때문이다.

이제는 누가 운영할 것인지를 늘 염두에 두고 사업을 계획해야 한다. 다른 지역과 차별화된 우리만의 고유한 콘텐츠는 그곳에서 오랫동안 살아온 주민들과 새롭게 둥지를 튼 사람들이 함께 빚어 내는 상상력과 지혜에서 탄생한다. 그들이 운영 주체가 되도록 행정이 뒷받침해 주면 시설은 지속가능성을 담보하게 되고, 사람들이 찾아오는 매력적인 공간으로 거듭나 지역에 활력을 불어넣는 진정한 보물단지가 될 수 있다.

2장

보물을 찾는 눈, 사람을 키우는 힘

1. 모든 것이 자원, '관광' 더해 보기

"내를 건너서 숲으로/ 고개를 넘어서 마을로/ 어제도 가고 오늘도 갈/ 나의 길 새로운 길 (중략) 나의 길은 언제나 새로운 길/ 오늘도…… 내일도……(생략)"

시인 윤동주가 1938년 발표한 「새로운 길」의 일부다(윤동주, 2024). 날마다 가는 길이지만 새로운 이유는 그 위에 서 있는 내가 어제와 다른 이유로 걷고 있기 때문이다. 기뻐서 걸었고, 화가 나서 걸었으며, 슬퍼서 걷고, 즐거워서 그 길을 찾았다. 그리고 오늘은 희망을 품고 걷기에 그 길은 늘 새롭다. 같은 풍경이지만 여행자가 그곳을 바라보는 시선이 달라지면 의미도 새로워지는 것이다.

영국 출신의 여행 작가 피코 아이어(Pico Iyer)는 "관광은 특별한 곳에 가는 것이 아니라 일상의 무심함에서 의미를 발견하는 여정이다"고 말했다. 일상이 여행이고, 여행이 일상인 시대에 사람들이 여행하는 이유는 과거처럼 특별한 이유와 의미가 있어야 하는 것이 아니다. 그냥 재미가 있거나, 의미를 찾을 수 있거나, 그리고 새로운 경험을 할 수 있기 때문이다. 그렇다면 우리는 어떤 즐거움을 제공해야 할 것인가?

지역관광 활성화를 위해 전국의 모든 지자체가 사활을 걸고 있다 해도 지나치지 않다. 특히 농어촌 지자체일수록 관광이 지역소멸 예방과 지역 경제 활성화의 만병통치약은 아니더라도 그에 준하는 정책적 수단으로 적극 활용되고 있다. 문제는 너무 비슷한 수준의 시설과 콘텐츠가 난무한다는 것이다. 관광객에게 의미 있는 즐거움을 제공하기 위해 나름대로 지혜를 모아 콘텐츠를 생산하고 있지만 비슷한 내용의 장소와 공간과 체험 상품이 전국 방방곡곡에서 경쟁하고 있는 상황이다. 그래서일까? 지방자치단체에서 관광 업무를 담당하는 공무원들은 사람을 유인할 수 있는 아이디어를 찾는 게 너무 힘들다고 토로한다. 너무 빠르게 변화하는 패러다임을 따라잡기 어렵다는 것이다. 요즘은 가치 여행이 유행이니까 뭔가 의미 있는 공간을 개발하고, 서사를 담아내면 관광객이 찾아올까? 윤동주의 시가 말해 주듯 같은 길이더라도 의미가 다르면 새롭게 해석될 수 있다. 즉, 지역이 가진 자연, 문화, 역사, 생활상 등 모든 요소가 가치 있는 관광자원이 될 수 있다. 중요한 것은 이러한 자원을 어떻게 해석하고 연결하여 독특한 경험으로 만들어 내느냐다. 단지 관광이라는 이름을 덧씌우는 것만으로도 주변의 자원이 새롭게 보이고 기존에 몰랐던 가치가 드러나게 된다.

이러한 관점의 전환이 가장 극적으로 드러나는 사례가 바로 쇠락한 산업 현장을 새로운 관광자원으로 재탄생시킨 '산업유산 관광'이다. 산업유산 관광은 단순히 과거의 역사를 돌아보는 것을 넘어서 현재와 미래를 잇는 중요한 문화적 경험을 제공한다. 그래서 많은 국가들이 산업유산을 관광자원으로 재탄생시키고 있다.

2013년 7월 18일, 자동차공업의 메카로 세계에 명성을 날리던 미국 디트로이트시가 파산했다. 포드(Ford)의 고향이자 후기 산업혁명의 중심지였다가 '몰락한 도시'라는 오명을 쓴 이곳은 10여 년이 흐른 2024년 3월 투자적격등급으로 신용이 회복되었다. 천신만고 끝에 경제가 살아난 것이다. 부활한 디트로이트시에는 사람이 찾아오고 있다. 경제 분야 이해관계자뿐만 아니라 이 도시의 스토리에 흥미를 느낀 여행자들이다. 1700년대부터 20세기 후반까지 산업화를 이끌었지만 파산 이후 폐허가 된 공장을 가로지르며 역사와 휴식을 즐기는 스토리텔링형 관광 상품이 각광을 받고 있어서다.

폐공장 투어의 대표 상품 중 하나인 '패커드 공장'은 1940년까지 최대 4만 명의 근로자가 일하면서 자동차를 생산하던 기지였다. 이곳은 향후 13년 동안 양조장, 레스토랑, 소매점 아파트 등 복합 용도로 탈바꿈 중이다. 디트로이트시는 이 기간에 투어 프로그램을 운영하기 시작했다. 40달러를 내면 근로자들이 출퇴근 대 펀치를 찍던 1930년대 건물에 들어가거나 날 것 그대로의 폐공장을 둘러보며 그 시대와 공감하는 시간을 가지게 된다.

산업유산 관광은 여러 국가에서 행해지고 있지만 색깔은 다르다. 일본은 요코하마와 하네다 등지의 대규모 공장 지대의 야간 불빛을 상품화해 크루즈를 타고 둘러보는 경관 상품이 인기다. 독일은 루르 강변의 공업 지대를 따라 자전거 도로를 만들어 관광객을 끌어들이고 있다. 반면 미국은 폐허가 된 공장 지대를 '산업 유적지'로 만들어 관광객을 유치하고 있다. 미국 펜실베이니아 철강 유적지 또한 산업의 몰락을 상징하는 장소였지만, 이를 관광자원으로 활용해 도시 재생의 가치를 높이고 있다. 남들이 따라 할 수 없는 독창적인 관광 콘텐츠는 화려한 신축 건물에서 나오는 것이 아니라 그 지역만이 간직한 역사와 상처, 그리고 극복의 서사가 담긴 낡은 공간에서 더욱 강력한 진정성이 나타날 수 있다는 것을 디트로이트의 폐공장 관광은 잘 보여 주고 있다.

관광자원이란 원래부터 정해진 것이 아니다. 마을의 장독대, 세월의 흔적을 간직한 옛 우물, 마을 어르신의 손맛, 오래된 우체국 건물, 심지어는 사투리나 냄새, 오감조차도 '관광'이라는 관점으로 재해석되면 그 자체로 자원이 된다. 즉, 세상의 모든 것이 관광자원이 될 수 있다. 중요한 건 '무엇이냐'보다 '어떻게 보느냐'다. 관광을 연결의 예술 작품이라고 한다. 자원과 자원, 자원과 사람, 사람과 사람을 어떻게 연결하느냐에 따라 새로운 서사가 만들어지며, 그 안에서 고유한 브랜드가 탄생될 수 있다.

지금은 융복합의 시대다. 관광 역시 더 이상 하나의 산업이나 부서의 업무로만 국한되지 않는다. 행정의 관점에서 어떤 업무 분야이든 그 일에 관광을 더해 보자. 복지, 교육, 환경, 농업, 예술, 건축, 녹지 등 행정의 거의 모든 분야가 관광과 연결될 수 있다. 예를 들어 치매안심마을과 같은 특화된 복지 정책이 있다. 여기에 관광의 관점을 결합하면 노인건강 복지관광이라는 새로운 모델이 나올 수 있다. 지역 어르신의 삶을 존

융복합의 시대 … 행정 + 관광

모든 행정 분야는 관광과 연결될 수 있다

중하고, 치유와 배움의 경험을 관광객에게 제공하는 복지 중심의 관광도 가능해지는 것이다. 사람과의 연결은 더욱 풍부한 가치를 창조하게 된다. 지역의 전통 공예품은 단순한 상품이 아니라 제작 과정을 체험하고 장인과 소통하는 프로그램으로 발전되었다. 이를 통해 관광객은 특별한 기억을 선물받고, 지역은 새로운 브랜드 가치를 부여받게 된다. 농촌 관광, 생활 관광, 자연 관광, 생태 관광, 치유 관광, 예술 관광 등 지역마다 브랜드로 내세우고 있는 다양한 관광의 유형들은 결국 지역과 연결된 사람들의 일상과 감성, 회복에 대한 욕구에서 비롯된 것이다. 지역이 가진 고유한 자원을 바탕으로 그곳과 연결된 사람들에게 차별화된 경험을 제공하려는 노력의 결과물인 셈이다. 이처럼 세상에 존재하는

충청남도 예산군 예산읍 예산시장을 찾은 관광객들이 시장에서 구매한 다양한 음식물들을 장터광장에서 즐기고 있다.
▌Photo by Sungmoon Jung

모든 자원들의 연결을 위해서는 협력과 연대가 필요하다. 부문 간, 부서 간, 지역 간 경계를 허물고 통합적인 사고로 접근해야 한다.

이제는 잘 꾸며진 관광 명소보다 지역의 일상적인 삶과 문화를 체험하려는 수요가 증가하고 있다. 단순한 '방문객'이 아니라 지역사회에 머무는 '이웃'이 되어 고유한 삶의 문화를 체험하려는 진정성이 여행의 동기가 되고 있다. 전통시장 골목의 노포, 시골 마을의 장터, 5일장의 풍경, 마을 회관의 노래 교실까지 일상의 장면들이 '관광 콘텐츠'가 되는 세상이다. 또 관광은 '보는 것'에서 '함께 사는 것'으로 빠르게 진화 중이다. 그래서 이제는 '무엇을 지을까'보다 '무엇이 존재하는가'를 묻고, 그 안에 담겨진 가치를 새롭게 발견하는 과정을 먼저 해야 한다. 그리고 난 후 '누가 운영하고, 어떻게 연결할 것인가'를 고민하는 것이 순서다. 지역의 고유성을 관광자원화하고, 사람을 주체로 세우는 것, 이것이 지속 가능한 관광의 핵심이다.

지역은 유물을 전시하는 박물관이 아니다. 살아 있는 공간이고, 그 자체로 하나의 이야기이며, 여행의 목적지다. 우리가 찾던 관광자원은 이미 그곳에 있다. 단지 우리가 아직 그것에 '관광'이라는 이름을 붙이지 않았을 뿐이다. 지역의 고유한 매력을 발굴하고, 이를 관광과 결합하여 독특한 브랜드로 만들어 가는 노력이 필요하다. 이러한 관점의 전환은 해외에서 더욱 극적으로 나타난다. 산업유산 관광은 단순히 과거의 역사를 돌아보는 것을 넘어 현재와 미래를 잇는 중요한 문화적 경험을 제공한다.

[사례 1] 원주와 뮤지엄 산, 모든 것에 '관광'을 더하다

강원특별자치도 원주시는 오랜 세월 강원 남부권의 중심 도시였지만 제1군사령부가 위치했던 지리적 특성으로 인해 '군사 도시'라는 이미지가 강했다. 도시를 찾아오는 사람들은 군과 관련된 목적 방문이 다수였고, 치악산 국립공원이 있었음에도 불구하고 여행 목적지로서의 매력도는 강릉이나 평창 등 인접한 강원도 내 다른 지역에 비해 낮은 수준이었

왼쪽 위부터 강원감영, 한지테마파크, 박경리문학관 전시실, 원주댄싱카니발.
▌Photo by https://www.wonju.go.kr/tour/index.do

다. 치악산은 등산객이라는 특정 목적을 가진 방문객을 유인하는 데 그쳤을 뿐 도시 전체의 매력으로 확장되지 못했다. 이에 따라 원주시는 고착화된 이미지를 탈피하고 도시의 지속가능한 성장과 발전을 위한 새로운 동력을 찾는 데 집중했다.

해법은 도시가 품고 있던 자산들을 '관광'이라는 새로운 안경을 쓰고 가치를 재해석하는 것에서 시작되었다. '모든 것이 관광자원'이라는 사고의 전환을 통해 그동안 주목하지 않았던 다양한 유산들을 새롭게 조명한 것이다. 조선 시대 강원도의 행정 중심지였던 역사를 품은 '강원감영', 천년의 숨결을 간직한 '한지(韓紙) 문화', 박경리 작가의 대하소설 '『토지』'가 완성된 문학적 유산, 그리고 원주 댄싱 카니발과 같은 현대적인 문화 이벤트까지 원석 같은 보물들이 산재되어 있었다. 이전까지 이 자원들은 역사, 산업, 문학, 축제라는 각자의 영역에 머물러 있던 하나의 '점'에 불과했다. 원주시는 이 점들에 '관광'이라는 모자를 씌우고 선으로 연결하여 '문화 예술'이라는 하나의 거대한 면으로 만들어 내는 재해석을 시도했다. 변화하는 관광 트렌드에 맞춰 체험과 감성, 그리고 고유한 스토리를 중시하는 현대 관광객의 욕구를 충족시킴으로써 도시의 매력을 높이는 최적의 방안으로 선택을 한 것이다.

이러한 도시 브랜딩의 대전환 속에서 2013년 문을 연 '뮤지엄 산(Museum SAN)'은 단순한 대형 미술관 건립 이상의 의미를 가진다. 한지와 자연 등 원주의 기존 유산과 안도 다다오의 건축과 제임스 터렐의 현대미술 작품과 같은 세계적인 거장들의 창조물을 융복합하여 '문화예술 관광 도시'라는 새로운 정체성을 세상에 알리는 강력한 선언이었다. 한솔제지의 문화예술 사회공헌 비전, 세계적 건축가 안도 다다오의 미니멀한 건축 철학, 그리고 빛과 공간의 예술가 제임스 터렐의 독창적인 작품 세계가 '자연 속에 감춰진 미술관'이라는 목표 아래 유기적으로 융합되었다. 기업, 건축가, 예술가 등 다양한 분야의 전문가들이 협력하여 만들어 낸 성과로, 지역의 자연 자원과 문화 예술적 깊이가 인간의 창의

뮤지엄 산의 주요 시설과 공간. 왼쪽 위부터 워터가든, 명상관, 제임스 터렐 미술관, 빛의 공간.
▌Photo by https://www.museumsan.org/

성과 결합된 대표적인 사례라 할 수 있다. 특히 뮤지엄 내 페이퍼 갤러리는 원주의 역사적 자산인 한지 문화를 현대적으로 재해석하여 방문객에게 선보임으로써 지역의 고유한 스토리가 어떻게 세계적인 예술과 만날 수 있는지를 명확히 보여 주었다. 방문객은 안도 다다오가 설계한 노출 콘크리트 건축물과 자연이 어우러진 길을 따라 걸으며 사색에 잠기고, 제임스 터렐의 작품을 통해 빛과 공간을 온몸으로 체험하는 독특한 경험을 하게 된다. 이는 단순한 관람을 넘어 원주의 자연과 문화 속에서

만 가능한 깊이 있는 예술적 경험을 제공하는 것이다.

뮤지엄 산의 개관은 원주가 '군사 도시'에서 '예술과 자연이 어우러진 문화예술관광 도시'로 탈바꿈하는 데 결정적인 전환점을 제공했다. 이러한 성공은 단지 관광부서 하나만의 노력으로 이루어진 것이 아니다. 도시의 이미지를 바꾸기 위해서는 관광객의 동선, 접근성, 주변 환경, 연계 콘텐츠 등 복합적인 요소가 고려되어야 한다. 이를 위해 원주시의 역사, 문화, 환경, 도시계획 등 다양한 부서가 칸막이를 허물고 유기적으로 협력했기에 가능했다. 도시계획 부서는 뮤지엄으로 향하는 도로와 교통 체계를 정비하고, 환경 부서는 주변 산림의 경관을 보존하며, 문화부서는 지역의 다른 문화 자산과 뮤지엄을 연계하는 프로그램을 기획하는 식으로 통합적 접근을 이루어 냈다. 즉, 뮤지엄 산은 원주시가 도시 전체의 자원을 관광의 관점에서 재해석하고 융복합하여 탄생시킨 '보물 단지'이자 모든 노력의 상징적 결과물이다.

2024년 원주시 방문객 197만여 명 가운데 14%인 27만 9,713명이 뮤지엄 산을 찾았다는 사실은 지역의 모든 자원에 새로운 가치를 부여할 때 얼마나 강력한 관광 동력이 생겨나는지를 증명한다(관광지식정보시스템). 또 원주를 찾는 관광객의 유형 자체가 바뀌었다는 점도 보여 주는 대목이다. 그동안 군사적 목적의 방문객이나 등산객 위주였던 도시가 이제는 문화와 예술, 그리고 깊이 있는 휴식을 즐기려는 새로운 계층의 관광객들을 끌어들이는 목적지로 변모한 것이다. 특히 문화유산 및 박물관, 미술관 등을 방문하는 문화 관광객은 다른 유형의 관광객에 비해 40대 이상, 여성, 고학력, 고소득 계층의 비중이 높은 특징을 보인다(송화성, 2024). 즉, 가처분소득이 높고 문화적 소양에 대한 지출을 아끼지 않는 소비력 높은 방문객들이 지역으로 유입된다는 의미다. 이러한 '문화 관광객'의 유입은 지역에 새로운 파급효과를 낳았다. 이들의 취향에 맞는 감각적인 카페와 레스토랑, 디자인 소품숍과 공방 등이 자생적으로 생겨나기 시작하며 도시 전체에 새로운 문화 생태계가 조성되는 계기로 작용했다. 원주의 사례는 부문 간, 부서 간, 지역 간 경계를 넘어 자원을 유기적으로 연결하고 통합적으로 사고할 때 지역 고유의 가치를 극대화하고 사람들에게 깊은 인상을 남기는 관광 모델을 만들 수 있음을 시사한다.

[사례 2] 고목과 건축의 융복합, 사유원을 창조하다

현대사회에서 관광은 단순한 여가 활동을 넘어 인간 내면의 치유와 삶의 질 향상을 돕는 '위로 산업'으로 진화하고 있다. 이러한 흐름 속에서 대구광역시 군위군 팔공산 자락에 위치한 '사유원(思惟園)'은 자연과 예술, 그리고 깊은 사색이 어우러진 치유 관광의 새로운 모델을 제시하며 주목받고 있다. 이곳은 세상의 모든 것이 잠재적 관광자원이 될 수 있으며, 그 가치를 발견하고 진정성 있는 콘텐츠로 개발할 때 새로운 시장을 창출할 수 있음을 보여 준다. 특히 우리가 평소 주목하지 않았던 '고목(古木)'이라는 자원을 관광의 관점에서 새롭게 해석했다는 것에 주목할 만하다.

사유원은 1989년 유재성 전 태창철강 회장이 일본으로 밀반출될 위기에 처했던 300년 수령의 모과나무 네 그루를 부산항에서 구입한 것으로부터 시작되었다. 한국에서는 단지 차의 재료 또는 천연 방향제로만 인식되어 온 모과나무지만 이웃 나라 일본에서는 행운과 장수를 상징하는 귀한 정원수로 여겨져, 고목일수록 가치가 높아 품귀 현상을 빚고 있다. 이 때문에 일본은 모과 고목을 구하려고 한국을 통해 밀수입하는 경우가 많아졌다고 한다. 한국에서는 그저 오래된 나무에 불과했지만 다른 문화권에서는 특별한 의미를 지닌 자원이었던 셈이다. '어떻게 바라보느냐'에 따라 그 가치가 완전히 달라질 수 있다는 것을 보여 주는 대목이다.

유 회장은 이 경험을 통해 주변의 평범한 것들이 새로운 관점에서 바라보면 특별한 가치를 지닐 수 있다는 점을 깨달았다. 그는 이후 30여 년간 모과나무, 소사나무, 소나무, 배롱나무 등을 꾸준히 수집했고, 이를 심기 위해 마련한 군위의 야산이 현재 사유원의 토대가 되어 2021년 9월 문을 열었다.

사유원의 핵심은 기존에 존재하던 자원들을 '관광'이라는 새로운 관점에서 재해석하고 융합한 데 있다. 평균 수령 300년 이상의 모과나무

사유원의 대표 공간인 풍설기천년(왼쪽 위)과 고목에 달린 모과 열매, 현생과 내생이 교차하는 공간 명정의 내부, 사색의 길.
▌Photo by https://www.sayuwon.com/about/04

108그루가 식재된 '풍설기천년(風雪幾千年·모진 풍파 그 몇 천 년인가)' 정원은 단순히 나무를 심어 놓은 공간이 아니다. 수만 년의 세월이 한곳에 응축된 장엄함 속에서 자연과 시간이 빚어 낸 가치를 체험할 수 있는 관광자원으로 재탄생된 것이다. 보호목으로 지정되지 않은 고목들은 일반적으로 베어지거나 방치되는 경우가 많다. 하지만 사유원은 이런 고목들에 시간의 깊이와 자연의 웅장함이라는 새로운 의미를 부여했다. 방문객들은 들어서는 순간 "와!", "이게 뭐야?", "새롭고 특별한 공간이다!"

사유원 내 대표 건축물인 소요헌(逍遙軒·거니는 집)(왼쪽 위)과 명정(暝庭·어둠의 정원), 사담(思潭·물의 정원), 와사(臥寺·누워 있는 절).
▌Photo by https://www.sayuwon.com/about/C4

라는 감탄사를 터뜨리며 일상에서 경험하기 어려운 감동을 마주한다.

사유원이 여행자에게 특별함을 안겨 주는 또 다른 이유는 건축계의 노벨상이라 불리는 프리츠커상 수상자인 '알바루 시자(Álvaro Siza)'를 비롯해 승효상, 최욱 등 국내외 유명 건축가의 손길을 거쳐 탄생한 공간이기 때문이다. 단순히 나무만 있는 것이 아니라 자연과 완벽한 조화를 이루는 건축물들이 더해져 방문객이 자연 속에서 예술을 체험하고 온전한 사색의 시간을 누릴 수 있도록 설계되었다. 그래서 사유원은 단순한 수

목원이라기보다는 방문객이 자연과의 교감을 통해 자아를 성찰하고 마음의 평화를 찾는 '사유'의 경험을 제공하는 데 핵심 가치를 둔다. 이곳에서 열리는 음악회와 요가 클래스 등도 성황을 이루며, 공간과 사람이 상호작용하는 특별한 경험을 선사한다. 공간이 사람에게 메시지를 전달하고, 사람이 공간에 반응하며 감정을 느끼는 상호작용을 통해 진정한 여행의 감동과 치유를 경험할 수 있다.

사유원의 운영 전략은 남다르다. 하루 입장객 수는 사전 예약제를 통해 평일 300명, 주말 350명으로 제한하여 방문객에게 고요하고 깊이 있는 경험을 보장하고 있다. 이러한 운영 방식은 선택받은 사람만이 허용되는 특별한 공간이라는 이미지를 만들어 냈다. 그 결과 평일 5만 원, 주말 및 공휴일 6만 9천 원이라는 높은 입장료에도 불구하고 방문객의 60%가 서울 및 수도권 거주자일 정도로 전국적인 명성을 얻었다. 희소성이라는 마케팅 전략을 통해 버려질 뻔한 고목을 프리미엄 관광상품 자원으로 변신시킨 결과인 셈이다.

사유원 사례는 '세상에 존재하는 모든 것이 관광자원'이라는 명제를 입증하고 있다. 현대 관광에서 가장 중요한 요소는 단순한 볼거리나 공간 자체가 아니라 그 안에 담긴 철학과 이야기, 그리고 진정성 있는 경험이다. 사람들의 마음을 움직이는 공간은 늘 의미가 있거나, 재미있거나, 혹은 전에 없던 새로움을 품고 있어야 한다. 그리고 그것은 독창적인 콘텐츠와 정교한 설계, 철학이 담긴 운영을 필요로 한다. 이러한 기반 위에 구축된 공간은 단순한 관광지를 넘어 새로운 가치를 창출하고, 새로운 시장을 열며, 지속적으로 사람들이 찾아오는 살아 있는 장소로 진화한다.

이런 점에서 사유원은 버려질 뻔한 고목에 한 사람의 안목과 철학이 더해지고, 세계적인 건축가의 예술혼이 깃들면서 평범한 야산이 '대한민국 사유의 성지'가 되고, 전에 없던 새로운 관광자원으로서 재탄생한 것으로 평가된다.

[사례 3] 일본의 모험 관광, 해석의 힘으로 새로운 길을 열다

최근 일본에서는 '모험 관광(adventure tourism)'이 주목받고 있다. 이는 '존재하는 모든 것이 관광자원'이라는 것을 실천한 사례로 기존 관광자원, 특히 자연 자원에 새로운 가치와 이야기를 더하고 지역 고유의 문화와 연계한 것이다. 여행자는 단순한 신체 활동을 넘어 지역 주민과 깊이 교류하고 몰입하는 경험을 하게 된다. 이러한 모험 관광의 특징은 단순히 자원을 나열하고 보여 주는 데 그치지 않고, 관광객이 기대하는 경험이 무엇인지를 정확히 파악하여 콘텐츠로 만든다는 점이다.

일본 정부는 2022년 10월 관광 정책 패키지 발표를 통해 자연의 매력을 융합한 어드벤처 투어리즘 콘텐츠 개발의 필요성을 강조했다(최경은·김현정, 2023). 이후 정부, 지자체, 민간이 협력하여 지역의 자연과 문화 자원을 적극 활용하는 체험형 관광 프로그램을 다양하게 개발하기 시작했다. 이 과정에서 중요하게 여겨진 것은 관광의 대상인 '자원' 자체가 아니라 그것을 '해석'하는 방식이었다. 즉, '무엇이 있느냐'보다 '어떻게 바라보느냐'가 관광의 가치를 결정한다는 점을 명확히 인식한 것이다. 평범한 자연에 '모험'이라는 새로운 의미를 부여하여 '기존의 자원을 어떻게 매력적으로 보이게 만들 것인가'라는 전략을 각 콘텐츠에 담아냈다.

나가노현에서 운영하는 '나가노의 과거를 찾아가는 여행'은 단순한 트레킹이 아닌 '수행과 탐험'을 결합한 모험 여행의 좋은 예다. 에도 시대의 옛길을 따라 걷다 보면 숲 깊은 곳에 숨겨진 폭포와 마주한다. 이곳에서는 폭포에 얽힌 설화를 들은 후 직접 폭포 수행을 체험하는 특별한 경험을 할 수 있다. 또한, 유네스코 세계문화유산 '구마노 고도'는 와카야마현의 천년 역사 순례길로, 하야타마·홍구·나치의 세 신사를 잇는 52km 코스를 걷는 동안 자연과 교감하고 문화와 연결되며 자신을 성찰하는 깊이 있는 여정을 경험한다. 단순히 길을 걷는 행위를 넘어 천년의 역사를 온몸으로 느끼는 순례이자 명상의 여정으로 재탄생시킨 것이다. '정상 정복'이라는 테마와 더불어 하이킹의 과정에서 만나는 숲과 길에 '수행의 공간'이라는 서사를 입혀 관광객의 감성과 공감대를 자극시킴으로써 자연과 인간, 그리고 역사적 기억이 어우러지는 심층적 체험 관광으로 확장되었다.

일본 나가노현 도가쿠시 숲의 신사 경내길(왼쪽 위)과 숲길, 그리고 와카야마현 구마노 고도 순례길인 요시노쿠마노 국립공원과 순례자들.
▌Photo by https://www.japan.travel/ko/travel-directory/

이처럼 일본의 모험 관광은 여행자 스스로가 자연 속에서 느끼고 배우며 변화해 가는 여정을 디자인하여 제공한다. 실제로 어드벤처 투어리즘의 핵심을 정의한 ATTA(Adventure Travel Trade Association)에 따르면 '신체적 활동(physical activity)', '자연환경(natural environment)', '이문화 체험(cultural immersion)'의 세 가지 요소 중 두 개 이상을 충족해야 한다고 명시하고 있다(ATTA, 2025). 이는 박물관 탐방이나 유명 관광지 방문과 같은 일반 관광과는 본질적으로 다르며, 참여자의 특성이나 추구하는 경험의 형태에서도 차이를 보인다.

어드벤처 트래블러는 고학력·고소득자가 많은 편이며, 여행을 통해 자신의 내면을 변화시키고자 하는 강한 동기를 가진 경우가 많다. 이들은 만족도 높은 경험을 위해 과감하게 지출하는 경향이 있으며, 실제로 일반 관광객보다 1.7~2.5배 더 많은 소비를 하는 것으로 나타났다. 어드벤처 투어리즘 시장 보고서에 따르면 2022년을 기준으로 2032년까지 시장 규모는 약 2조 달러로 연평균 19.5% 성장할 것으로 전망된다(Allied Market Research, 2023). 이는 어드벤처 투어리즘이 단순한 틈새시장이 아니라 높은 소비력을 가진 관광객을 유치하여 지역 경제에 실질적인 기여를 하는 고부가가치 관광 분야임을 의미한다.

결국 관광은 '의미를 부여하는 일'이라고 할 수 있다. 아무리 멋진 자연이라도 그것을 경험하고 해석할 수 있는 틀이 제공되지 않으면 관광자원으로 온전히 기능하기 어렵다. 반대로 평범해 보이는 숲길이라도 흥미로운 이야기를 입히고 몰입할 수 있는 체험을 설계하면 세상에 단 하나뿐인 '모험의 길'로 탈바꿈할 수 있다. 일본은 이러한 본질을 깊이 이해하고, 자연과 문화, 그리고 지역 주민의 삶을 연결하는 창의적인 방식을 통해 새로운 관광의 가능성을 만들어 냈다.

세상에 존재하는 모든 것은 관광자원이 될 수 있다. 중요한 것은 그것을 '어떻게 보게 하느냐'와 그 속에 '어떤 의미를 담아 전달하느냐'이다.

2. 변화의 파도에 올라타는 유연함

문화체육관광부와 한국관광공사는 2023년 근로자들이 일과 휴가를 동시에 즐기고 지역관광 활성화로 이어질 수 있도록 '워케이션(work+vacation=workation) 시범 사업'을 추진한다고 발표했다. 이어서 2025년 공사의 8대 핵심사업 중 하나인 '관광으로 크는 지역'의 구현 과제로 '워케이션'을 선정했다. 이러한 움직임은 일과 휴식을 동시에 추구하는 라이프 스타일이 문화로 확산되고 있으며, 특히 지방소멸과 인구감소 문제를 극복하기 위한 지자체들의 '생활인구' 유치 정책이 활발하게 전개되고 있는 것을 반영한 것이다.

하지만 우리보다 앞서 워케이션을 통해 지역과 사람, 일과 삶의 새로운 접점을 만들어 온 곳이 있다. 그 대표적인 곳이 이웃 나라 일본 '가미야마초(神山町)'다. 도쿠시마현의 작은 산골 마을로 한때 과소화 위기를 겪던 이 지역은 2008년 가미야마 버전의 워케이션인 '워크 인 레지던스(Work in Residence) 프로젝트'를 시작했다(The Tokushima Economy Report, 2022). 건축가, 디자이너, 카메라맨, 영상 작가 등 다양한 분야의 외부 인재를 유치하고, 원격 근무 시스템을 적극 도입한 결과 현재는 '워케이션 성지'로 불릴 만큼 성공적인 전환을 이루었다. 도시의 젊은이들이 고향을 떠나고, 고령화가 빠르게 진행되던 상황에서도 가미야마초는 과감하게 도시 인재를 유입하기 위한 창조적인 해법으로 '일하며 머무는 삶'

일본 도쿠시마현 가미야마 마을에 위치한 '엔가와(동영상 제작 회사)' 위성 사무소(왼쪽 위)와 누구나 이용 가능한 '코워킹 스페이스' 내부, 재택 근무자를 위한 'WEEK 가미야마' 본관, 지역 생산 농산물을 가공해서 만든 식료품을 판매하는 '가마 빵 & 스토어'.
▌Photo by https://www.in-kamiyama.jp/

을 제안했던 것이다.

이러한 배경에는 도시와 농촌 모두가 공통적으로 겪는 사회적 문제들이 있었다. 도시에서는 치열한 경쟁과 업무 스트레스, 인간관계의 단절로 삶의 질이 저하되었고, 농촌은 인구 감소로 활력을 잃어 가고 있었다. 일본은 이 두 가지 과제를 동시에 해결하기 위한 공간으로 농어촌에 주목하고, 그곳을 '일과 삶을 다시 설계할 수 있는 장소'로 재정의했다.

이는 단순한 관광을 넘어 지속적인 관계 형성이 가능한 장소로서의 의미를 부여한다. 이러한 변화 속에서 등장한 워케이션은 외부인이 마을에 들어와 일하고 머물면서 지역 커뮤니티와 소통하는 통로가 되었고, 이를 통해 지역은 새로운 활력을 얻었으며, 개인은 삶의 균형을 되찾았다. 가미야마초가 성공할 수 있었던 것은 지역 커뮤니티가 시대와 사회의 변화 흐름을 예의 주시하며 유연하게 대응했기 때문이다. 특히 지역 주민들이 변화의 주체로서 적극적으로 참여하고, 외부에서 유입되는 사람들과의 교류를 환영하며, 공동체를 기반으로 새로운 가치를 창출해 나간 것이 성공의 비결이라 할 수 있다.

지금 우리는 '글로컬(Glocal)' 시대에 살고 있다. 지역은 더 이상 외부와 단절된 섬처럼 존재할 수 없다. 도시든 농촌이든 각자의 특성과 콘텐츠로 글로벌 경쟁에 뛰어들어야 하는 시대다. 그리고 이런 시대 변화는 관광의 흐름에도 결정적 영향을 미친다. '여행'은 더 이상 단순한 소비 활동이 아니다. 치유, 위로, 관계, 그리고 삶의 재설계로 확장되고 있다. 그래서 우리는 지역과 국가, 세계의 변화를 주도하는 트렌드에 주목해야 한다. '지역 소멸', '치유', '기후 위기', '공존', '디지털 전환', '로컬리즘', '생활인구' 등 현재 주목해야 할 키워드들은 단순히 관광을 새롭게 만드는 것을 넘어 사회 전반의 시스템을 제구성하는 열쇠다. 관광은 이제 그 변화의 중심에 서야 한다. 새로운 생각과 시스템으로 혁신하여 핵심 가치를 지키되, 표현 방식과 외형은 끊임없이 혁신해야 하는 시점이다.

글로컬 시대 관광의 새로운 역할

시대적 키워드와 연결
사회 시스템을 재구성

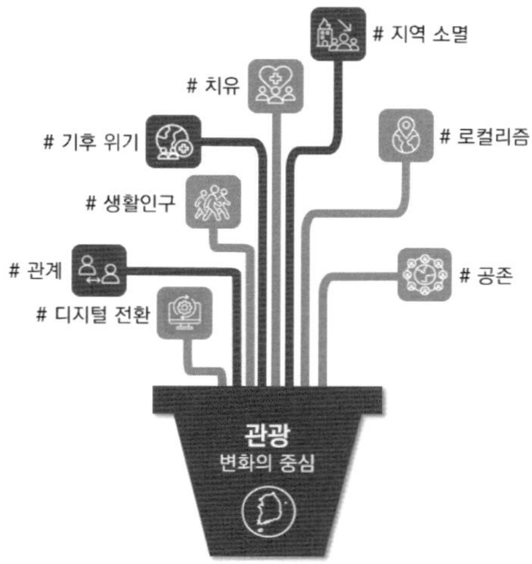

변화는 늘 두려움을 동반하지만, 그것은 곧 상상력과 기획력의 출발점이기도 하다. 우리가 가미야마초 사례에서 배워야 할 점은 단순한 시스템이나 운영 방식에 있지 않다. 본질은 변하지 않되, 새로움을 수용할 수 있는 유연성, 그리고 그것을 실천할 수 있는 사람과 구조를 만드는 힘에 있다. 이는 곧 지역공동체가 스스로의 강점을 파악하고, 외부 자원과의 연계를 통해 새로운 가치를 창출하는 주민 주도형 관광 비즈니스의 가능성을 의미한다.

가미야마초처럼 우리도 주민 공동체가 지역 고유의 자원을 관광 상품

'트렌드 코리아 2025' 10대 트렌드

주요 트렌드	내용
옴니보어 (Omnivore)	나이·성별 무관. 오직 자기만의 취향과 가치를 최우선으로 생각해서 다양한 것을 경험하고 소비하는 경향
아보하 (아주 보통의 하루)	평범한 일상에 만족하며 작은 행복을 소중히 여기고, 힘든 세상 속 별일 없는 하루를 귀하게 생각하는 태도
토핑 경제 (Topping Economy)	개성을 살리는 선택적 추가 소비가 주목받으며, 마라탕·요거트처럼 기본품에 원하는 토핑을 더하는 방식
페이스 테크 (Face Tech)	인간의 얼굴을 인식해 개인화된 경험을 제공하는 기술. 얼굴을 활용한 인증, 맞춤형 서비스 등이 해당
무해력 (Power of Harmlessness)	자극적 콘텐츠보다 무해하고 평화로운 콘텐츠가 주목받으며, 부드러운 영향력이 새로운 소통 방식으로 부상
그라데이션 K (Gradation K)	K-팝, K-드라마 등 한국 문화의 글로벌화가 더욱 뚜렷해지며, 한국적인 요소가 세계와 융합되는 경향
물성 매력 (Physicality Appeal)	디지털 확산에 반해 사람들은 실질적 물성을 추구하며, 보고 만지고 느낄 수 있는 제품과 경험을 선호
기후 감수성 (Climate Sensibility)	기후 문제에 대한 인식이 높아지면서 환경보호를 위한 실천적인 소비 및 생활 방식이 확산
공진화 전략 (Co-evolution Strategy)	경쟁보다 서로 다른 산업이나 기업들이 협력을 통해 함께 성장하는 상생의 중요성이 확대
원포인트 업 (One-Point Up)	큰 목표보다 도달 가능한 하나의 목표로 점진적 성장을 이루는 자기 계발 패러다임

자료: 김난도 외(2024).

으로 생산·판매하는 비즈니스를 자립적으로 상상하고 기획하여 경영할 수는 없을까? 그러기 위해서는 한국의 커뮤니티 역시 이러한 변화에 유연하게 대응해야 한다. 닫힌 사고방식을 버리고, 새로운 아이디어와 외부인의 유입을 적극적으로 포용하는 자세가 필요하다. 그래야 비로소 사람들이 주목하고 찾아오는 새로운 관광 콘텐츠가 만들어질 수 있다. 변화를 두려워하지 않고 본질을 지키며 유연하게 진화하는 지역만이 비로소 방문자를 넘어 진정한 '생활인구'를 맞이하고, 지속가능성을 달성할 수 있을 것이다.

[사례 4] 이수도 '1박 3식', 한 가지에 집중하여 위기를 넘다

경남 거제 앞바다에 위치한 이수도는 인구 108명, 해안선 길이 3.7km의 작은 섬이다. 이곳이 전국적인 식도락 여행지로 이름을 알리게 된 데는 특별한 이유가 있다. 바로 '1박 3식'이라는 독특한 콘셉트 덕분이다.

그러나 이수도는 현재의 명성을 얻기까지 심각한 위기를 겪었다. 1970년대 말 어획량 감소로 인해 섬 인구가 500여 명에서 57명으로 급감하며 무인도화에 직면했던 것이다. 주민들은 위기를 극복하고 새로운 활로를 모색하기 위한 방편으로 관광사업 진출을 결심하고 2010년 폐교를 펜션으로 개조해 관광객 유치에 나섰다. 하지만 부족한 편의 시설 등 한계에 부딪혀 성과를 거두지 못했다. 그럼에도 주민들의 도전은 계속되었다. 관광객들이 섬에 들어와 어떤 행태를 보이는지 예의 주시하던 한 주민에 의해 결정적인 아이디어가 제안 되었다. "섬에서 나는 식재료로 직접 조리한 식사를 숙박객에게 푸짐하게 제공해 보자". 이 생각은

이수도 연간 방문객 수

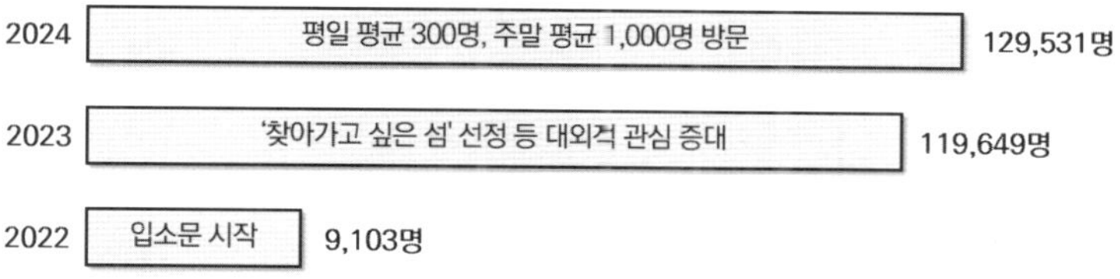

자료: 관광지식정보시스템 주요 관광지점 입장객 통계.

섬의 운명을 변화시키는 결정적인 계기가 되었다.

주민들의 창의적인 상상력으로 '1박 3식' 콘셉트가 만들어졌고, 이는 이수도의 핵심적인 특화 관광 콘텐츠로 빠르게 자리매김했다. 이러한 노력의 결과로 이수도를 찾는 방문객 수는 비약적인 증가 추세를 보였다. 특히 코로나19 팬데믹이 진정된 이후 방문객 증가는 더욱 두드러졌다. 2022년에는 연간 방문객이 1만 명을 밑돌았으나 2023년에는 약 12만 명을 유치하며 전년 대비 12배 이상의 성장률을 기록했다. 이러한 추세는 2024년에도 이어져 평일 평균 300명, 주말 평균 1천 명의 방문객이 꾸준히 이수도를 찾아 연간 약 13만 명에 달하는 방문객을 기록했다(관광지식정보시스템). 이는 섬 전체 인구의 1,200배에 달하는 수치이며, 매일 350명 이상의 여행자가 섬에서 숙박했다는 의미다. 특히 주목할 점은 관광객 증가가 섬 인구 변화에도 긍정적인 영향을 미쳤다는 사실이다. 2013년 84명이었던 주민 수는 2023년 108명으로 증가하여 28.5%의 인구 성장률을 보였다. 이는 '1박 3식'과 같은 이수도만의 차별화된 관광 모델이 외부환경 변화에도 불구하고 경쟁력을 유지했을 뿐 아니라, 지역 활성화와 인구 유입이라는 선순환 구조를 만들어 냈음을 보여 준다.

나아가 '1박 3식' 콘텐츠는, 프리미엄(premium·고품질)을 넘어 하이엔드(high-end·최고급)[1]를 지향하는 현대 소비자의 서비스 요구에 정확히 부응했다. 그리고 이러한 시대적 흐름을 읽고 유연하게 대응한 이수도 주민들의 전략이 성공의 핵심 요인으로 평가된다. 세계적인 환대 산업의 명소들이 '올 인클루시브(All-Inclusive)'[2] 모델을 도입하고, 일본의 고급 료칸들이 이와 유사한 서비스를 제공하는 것처럼, 이수도 역시 섬 앞바다에서 갓 잡은 싱싱한 해산물로 삼시 세끼 밥상을 제공하는 차별화를 추구했다.

이수도식 '올 인클루시브' 서비스는 단순한 숙박을 넘어 관광객이 섬에 들어서는 순간부터 떠날 때까지 숙박과 세끼 식사, 그리고 섬이 제공하는 모든 자연 친화적 경험을 포괄한다. 특히 매일 바다 사정에 따라

1 하이엔드 서비스는 최고급·극소수 고객을 겨냥해 희소성과 맞춤을 극대화한 서비스다. 장인 수준의 품질, 독점적인 공간과 제품, 일대일 컨시어지와 같은 개인화 경험이 핵심이며, 가격보다 대체 불가능한 가치를 중시한다. 반면 프리미엄 서비스는 상위 대중시장을 타깃으로 표준화된 고품질과 세련된 이미지 경험을 제공한다. 즉, 프리미엄이 고급층을 위한 고품질이라면, 하이엔드는 희소성과 절대적 차별을 지향하는 초특화 서비스다.

2 관광 및 호텔 산업에서 통용되는 서비스 형태로서 숙박료에 식사, 음료, 특정 부대시설 이용료 등이 모두 포함된 형태를 의미한다.

거제시 이수도 전경(왼쪽 위)과 입도 관광객, 도착 직후 맛보는 점심 밥상, 섬 둘레길.
▌Photo by https://blog.naver.com/PostList.nhn?blogId=geojecity

유동적으로 변화하는 식재료와 섬 주민들의 투박하지만 정성스러운 손맛은 '이 섬에서만 경험할 수 있는 진정성'으로 인식되어 이수도의 고유한 매력으로 작용했다.

더불어 이수도는 '선택과 집중' 전략의 유효성을 명확히 보여 주는 지역관광 성공 사례다. 다양한 프로그램보다 '핵심 역량 하나를 극대화하는 것'이 오히려 유리하다는 점을 명확하게 보여 주었다. 또한 안전한 먹거리에 대한 수요가 증대되는 가운데 '자연이 선물하는 한상차림'이라는 명확한 콘셉트는 지역 생존을 위한 견고한 기반이 될 수 있음을 증명했다. 이는 지역 고유의 자원이라는 본질적 가치를 유지하면서도 변화하는 소비자의 요구에 맞춰 '숙박과 풍성하고 내실 있는 식사'라는 새로운 형태의 서비스 시스템으로 유연하게 진화한 결과다.

[사례 5] 강진 '푸소', 협력 거버넌스로 상생을 이루다

우리 사회는 도시의 경쟁과 스트레스, 인간관계의 단절, 그리고 농촌의 인구 감소와 활력 상실이라는 공통적인 문제에 직면해 있다. 이러한 시대적 변화 속에서 '여행'의 의미 또한 단순한 소비 활동을 넘어 치유와 위로, 진정한 관계 맺기, 그리고 삶의 재설계로 확장되고 있다. 이러한 변화의 흐름에 유연하게 올라탄 곳이 바로 '푸소(FU-SO)'라는 독창적인 브랜드를 만들어 낸 전라남도 강진군이다.

도시인들은 일상에서의 일탈과 회복, 치유를 경험하기 위해 지방 여행을 선택하지만 정작 방문 목적지가 되는 농산어촌에서는 인구 감소와 활력 상실이라는 문제와 씨름하고 있고, 실제로 방문객을 유치하려 해도 숙박 시설이 부족하거나 환경이 좋지 않은 곳이 대부분이다. 강진군 역시 부족한 숙박 시설 때문에 관광객들이 머물지 않고 스쳐 지나가는 곳에 불과했었다. 관광객을 붙잡아 두기 위해서는 무엇보다 '스테이(Stay)'를 유도할 수 있는 숙박 인프라 구축이 시급했다. 하지만 대규모 숙박 시설을 건립할 여력도, 민간투자 유치 성공을 장담하기도 힘들었던 강진군은 대신 농어촌 주택과 농촌의 감성을 활용해 관광객을 체류시킬 독창적인 방안을 기획했다. 지역의 약점을 정직하게 마주하고, 농가 주택과 농촌의 감성이라는 기존 자원을 활용해 도시민의 새로운 욕구를 충족시키는 '함께 살아 보기'를 해법으로 모색한 것이다.

2015년 5월 처음 등장한 '푸소'는 감성은 높이고 스트레스는 해소한다는 뜻의 'Feeling-Up, Stress-Off'와 덜어 내다', '내려놓다' 등의 전라

전라남도 강진군 푸소 체험에 참가한 모 교육지원청 캠프 참여자들(왼쪽 위)과 푸소 농가 민박에서 제공되는 밥상, 푸소 농가 민박집임을 알리는 표지판, 숙소로 활용되는 민박집.
Photo by https://www.gangjin.go.kr/fuso

도 사투리 '~푸소'의 중의적 의미를 담고 있다. 이는 도시의 피로에 지친 사람들이 강진의 농가에 머물며 농촌의 일상과 문화를 체험하고, 농가 주인과의 인간적인 교류를 통해 진정한 치유와 위로를 얻도록 하기 위한 것이다. 푸소는 소박한 삶, 자연, 역사문화유산, 공동체 등 강진의 본질적인 가치를 지키면서도 치유, 관계, 느림의 미학 등 현대인의 욕구를 유연하게 수용하며 동시대 사회문제에 대한 강진만의 해법을 제시했다.

그 결과 강진은 전국에서 사람이 찾아오는 지역으로 변모했다. 2015년 86개 농가에서 1,931명이 참여한 것을 시작으로 2019년에는 115개 농가에서 1만 1,586명이 즐겼으며, 2023년 5만 8천여 명, 2024년 7만여 명이 참여했고, 농가의 직접 수익은 64억 원에 이르는 것으로 집계되었

강진 푸소(FUSO) 발전 과정

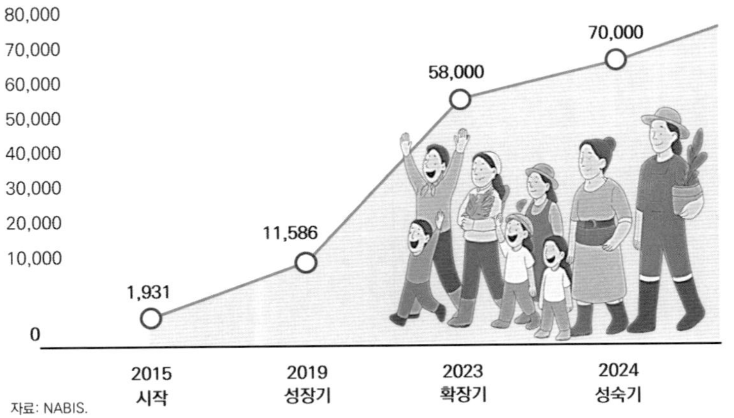

자료: NABIS.

다(NABIS, 2023; 핀포인트뉴스, 2025).

생활인구 유치 효과도 나타났다. 2박 3일 이상 체류형 프로그램으로의 운영은 여행자가 지역과 깊은 관계를 맺고 일정 기간 '생활인구'로 기능하는 효과를 가져왔다. 또한, 푸소 운영을 위해 농가 주민들이 자발적으로 역량을 강화하고 서로 협력하면서 마을 공동체 활성화와 주민들의 자긍심 고취에도 기여했다. 이와 함께 강진의 성공은 전국 지자체들의 농촌 체류형 관광 벤치마킹 대상이 되어 대한민국 농촌관광의 새로운 지평을 열었다는 평가를 받고 있다.

이러한 푸소의 성공은 행정 주도로 기획되었지만 이후 강진군, 강진문화관광재단, 그리고 주민이 참여하는 다자간 협력 거버넌스가 원활하게 작동했기 때문이다. 강진군청은 푸소가 지속가능하게 성장할 수 있도록 장기적인 계획을 수립하고, 행정적·재정적 지원을 아끼지 않았다. 프로그램 개발 및 홍보를 위한 제도적 기반을 마련하고, 공무원 푸소 체험교육과 같은 정책적 연계를 통해 안정적인 방문객 유치에 기여했다. 강진문화관광재단과 같은 중간 조직은 푸소를 알리고 프로모션하며, 프로그램의 전반적인 운영을 조율하는 컨트롤 타워 역할을 수행 중이다. 농가 교육, 관광객과의 매칭, 서비스 품질 관리 등을 통해 푸소 사업의 전문성과 효율성을 높인다. 무엇보다 푸소의 핵심은 농가 주민들이 직접 참여하여 여행자를 맞이하고 환대하는 것이다. 자신의 집을 개방하고, 삶의 이야기를 나누며, 농가별로 특색 있는 체험 프로그램을 직접 기획하고 운영함으로써 방문객에게 진정성 있는 경험을 제공하는 이들은 푸소 비즈니스의 가장 중요한 실행 주체이자 핵심 자원이다. 이러한 협력적 관광 거버넌스는 주민들이 단순히 수혜자가 아닌 사업의 주체로서 참여하고, 행정은 지원 및 조율을 통해 주민의 역량을 강화하는 '사람과 구조를 만드는 힘'을 보여 준다.

2025년 강진군은 기존의 체험농가 운영 품질을 강화하는 동시에 새로운 농가를 모집하고, 체험 콘텐츠를 다양화하는 등 푸소의 경쟁력을 높이기 위한 시즌 2를 추진하고 있다. 특히 푸소 운영자를 더 많이 유치하기 위해 시설 지원을 확대하는 한편 농가와 관광객 모두를 위한 체험 환경 개선에 적극 나서는 중이다. 나아가 국제 관광객을 대상으로 한 '글로벌 푸소(K-Global FU-SO)'를 추진하여 세계적인 힐링 관광지로의 도약을 준비 중이다.

이제 '여행'은 더 이상 단순한 소비 활동이 아니다. 강진 푸소는 이러한 변화를 명확히 보여 준다. 이곳에서 사람들은 일상의 스트레스를 덜어 내며 치유하고, 농가 주인과 진정성 있는 관계를 맺으며, 농촌의 삶 속에서 자신을 돌아보고 삶의 방향을 재설계하는 기회를 얻는다. 이는 협력적 거버넌스 체계 속에서 지역공동체가 고유의 자원을 활용하여 자립적으로 가치를 창출하는 민관 협력형 관광 비즈니스 모델의 성공 가능성을 증명하는 것이다. 강진 푸소는 농촌이라는 본질을 지키며 변화에 맞서 행정과 주민이 협력으로 새로운 가치를 창출하고 외부와 유연하게 연계함으로써 성공한 지역관광 모델로 평가받고 있다.

3. 다르게, 새롭게, 매력적으로 브랜딩

우리는 끊임없이 새로움을 추구한다. 특히 대한민국 여행자들의 소비 특성은 '남들과는 다른 경험', 즉 '나만의 특별함'을 지향하는 데 있다. 이들은 단순한 관광지 방문을 넘어 자신만의 정체성과 감성을 표현하고, 소셜 미디어를 통해 공유할 수 있는 독특한 콘텐츠를 소비한다. 실제로 KPR 디지털커뮤니케이션연구소가 23만 건의 소셜 빅데이터를 활용해 2024년 여름 국내여행 트렌드를 분석한 결과 '경험(테마 관광)', '숨겨진(나만의 장소)', '로컬(촌캉스)' 키워드 언급량이 눈에 띄게 증가했다. 특히 '숨겨진'의 언급량은 2023년 대비 189% 증가했으며, '경험(164%)', '로컬(129%)'이 뒤를 이었다(디지털커뮤니케이션연구소, 2024).

이처럼 대한민국의 여행자들은 목적지를 통해 일상과는 다른 공간적·심리적 일탈을 경험하고자 한다. 즉, 여행자는 그 지역에서만 얻을 수 있는 특별한 감각적 자극과 정서적 만족을 기대한다. 그런데 도착한 곳이 기존에 다녀온 다른 장소와 다를 바 없다면 그 여행지는 과연 경쟁력을 갖춘 관광지라 할 수 있을까?

지역과 감정적 관계를 형성하는 체류형 관광객은 그곳을 다시 방문하고, 소비하며, 궁극적으로는 이주의 가능성까지 품게 된다. 이는 지방소멸 시대에 매우 현실적이고 중요한 대응 전략이 될 수 있다. 그런데 방문객들에게 다른 지역과 구분되지 않는 인상을 준다면 그들이 다시 그곳을 찾고, 더 나아가 삶의 터전으로 고려할 수 있을 것인지 의문이다.

따라서 지역관광을 성공시키고 싶다면 '다르게' 해야 한다. 흉내에 불과한 관광 콘텐츠를 쏟아 내는 것이 아니라 그 지역만의 자원과 이야기를 가지고 고유의 방식을 활용해 브랜드를 만들어 내고 마케팅해야 한다. 이는 관광이 단순 소비를 넘어 관계 형성으로 확장되는 시대의 필연적 요구이다.

마케팅은 "소비자, 고객, 파트너, 그리고 사회 전반에 가치가 있는 제품을 만들고, 전달하고, 교환하기 위한 활동, 제도, 그리고 과정의 총체"로 정의된다(AMA, 2025). 이러한 인식하에 전국 각지에서 관광 목적지의 브랜딩과 마케팅을 전문적으로 수행할 수 있는 지역관광추진조직(DMO)[3]이 설립되고 있다. 현재 전국 66개 지자체가 출범시킨 관광재단 또는 관광공사는 지역 특화 콘텐츠 기획, 마케팅, 글로벌 네트워크 구축 등을 담당하며 지역관광 활성화의 중추적인 역할을 수행 중이다(전국지역문화재단연합회, 2025; 클린아이, 2025).

3 UN Tourism(세계관광기구)는 지속가능한 관광개발을 위해 DMO의 기능을 마케팅에서 관리로 확대할 것을 제안했으며, 일본에서의 DMO는 관광지 '경영'의 조타수 역할이 강조되고 있다.

전국 지역관광추진조직 현황 (2025년 8월 31일 기준)

지역	DMO
서울	서울관광재단
인천	인천관광공사
경기	경기관광공사, 여주세종문화관광재단 포천문화관광재단, 화성시문화관광재단
부산	부산관광공사
울산	울산문화관광재단
경남	경남관광재단, 고성문화관광재단, 김해문화관광재단, 남해관광문화재단, 밀양문화관광재단, 산청축제관광재단, 진주문화관광재단
대구	군위문화관광재단
경북	경상북도문화관광공사, 경산문화관광재단, 문경관광개발, 봉화축제관광재단, 영덕문화관광재단, 영양축제관광재단, 영주문화관광재단, 예천문화관광재단, 청송문화관광재단, 칠곡문화관광재단
광주	광주광역시관광공사, 동구문화관광재단
전남	전남관광재단, 강진군문화관광재단 영암문화관광재단, 장흥축제관광재단, 함평축제관광재단, 해남문화관광재단, 화순문화관광재단, 해남문화관광재단 담양군문화재단, 목포문화재단, 순천문화재단
전북	전북특별자치도문화관광재단, 고창문화관광재단, 군산문화관광재단, 익산문화관광재단, 순창발효관광재단
대전	대전관광공사, 대덕문화관광재단
세종	세종시문화관광재단
충남	충남문화관광재단, 계룡시문화관광재단, 공주문화관광재단, 금산문화관광축제재단, 논산문화관광재단, 보령축제관광재단, 서천문화관광재단, 홍주문화관광재단
충북	충북관광재단, 영동문화관광재단 충주문화관광재단
강원	강원관광재단, 동해문화관광재단, 속초문화관광재단, 삼척관광문화재단, 영월문화관광재단, 평창관광문화재단, 횡성문화관광재단
제주	제주관광공사

자료: 전국지역문화재단연합회 및 지방공공기관 통합공시 '클린아이'.

지역관광재단이 기획한 콘텐츠는 관광객의 체류와 소비를 유도하고, 이는 인구 저밀도 지역의 경제를 활성화하는 기제로 작동한다. 한국문화관광연구원의 분석에 따르면 지역관광 콘텐츠는 소상공인의 매출 증대와 청년 인구의 지역 정착 가능성에 긍정적 영향을 주는 것으로 나타났다(강지수·최경은, 2022). 이처럼 관광 콘텐츠는 단순한 상품을 넘어 지역의 사회적 가치를 창출하는 문화적 소비재로 기능한다. 그러나 이러한 긍정적인 역할에도 불구하고 많은 지역이 여전히 독창적인 아이디어 부족이라는 현실적인 과제에 직면해 있다. 성공적인 관광 마케팅을 위해서는 남들과 차별화된 진정성과 고유성이 담보된 아이디어가 선행되어야 한다. 또한, 이러한 아이디어에 부합하는 정교한 마케팅 계획을 수립하는 것이 필수적이다.

세계적인 마케팅 전략가 세스 고딘(Seth Godin)은 그의 저서 『보랏빛 소가 온다(Purple Cow)』에서 "평범한 것은 눈에 띄지 않는다"고 강조하며 '리마커블(remarkable·주목할 만한)'을 제시했다(고딘, 2023). 수백 마리의 평범한 소 떼는 처음에는 신기하지만 금방 익숙해지고 지루해지기 십상이다. 하지만 소 떼 속에 단 한 마리의 보랏빛 소가 있다면 어떨까? 사람들은 그 소를 기억하고, 주변에 전파하고, 사진을 찍으러 다시 찾아올 것이다. 이것이 바로 고딘이 말하는 리마커블의 본질이다. 단순히 주목할 만하다는 것을 넘어 이야기 나눌 만하다는 의미를 가질 수 있도록 기업이나 제품은 '보랏빛 소'가 되어야 한다는 것이다. 독특하고, 흥미롭

고, 예외적이며, 새롭고, 눈에 띄어 주목할 만한 '리마커블' 요소를 기획 단계부터 심어야 사람들 사이에서 자견스럽게 입소균을 타며 바이럴 마케팅 효과를 가져올 수 있다는 것이 그딘의 주장이다. 그의 생각을 지역 관광에 접목시키면 재미있거나, 의미 있거나, 새로운 콘텐츠로 마케팅을 해야 사람들 사이에서 자연스럽게 입소문을 타며 잠재 방문객들의 눈길을 사로잡을 수 있다. 이는 곧 신규 방문과 재방문 효과를 창출하면서 자연스럽게 지역 브랜드가 형성되는 결과로 이어질 수 있다.

서비스 질에도 '다름'이 필요한 때다. 우리는 대한민국이 선진국이기 때문에 유무형의 상품과 관련된 서비스 수준 향상을 이야기하고 있다. 여행자는 대도시와 중소 도시, 농어촌을 구분하더라도 최소한의 친절함과 청결, 정보 접근성 등과 같은 서비스를 기대한다. 그리고 한국 사회의 소비자 수준은 빠르게 향상되고 있고, 이에 따라 관광 시장도 고품질

서비스, 즉 프리미엄 서비스를 요구받는다. 더 나아가 최근에는 '하이엔드' 시장이 확대되고 있다(Market Research Future, 2025). 이 서비스는 단순히 높은 가격만을 의미하지 않는다. 개인 맞춤형, 희소성 있는 경험, 최상의 편의성, 그리고 감성적 만족도를 극대화하는 모든 요소를 포함한다. 예를 들어, 미쉐린 스타 셰프의 프라이빗 다이닝, 명장의 공예 체험, 또는 소수만을 위한 독점적인 문화유산투어 등이 하이엔드 서비스의 형태라고 볼 수 있다.

실제로 국내 주요 여행사는 고가의 프리미엄 패키지 상품을 지속적으로 확대하고 있다. 하나투어에 따르면 2024년 4분기 전체 패키지 고객수 기준 중고가 패키지 비중은 31%로 2023년(28%) 대비 증가했다(신용현, 2025). 노랑풍선의 프리미엄 브랜드 'TOP PICK'의 2025년 5월 예약률은 전년 동기 대비 약 10% 증가했으며, 전체 예약 상품 중 프리미엄 상품의 비중도 5%포인트 늘었다(뉴데일리경제, 2025). 이는 단순히 고가의 상품이 아니라 차별화된 경험과 최상의 서비스를 제공하는 상품에 대한 소비자들의 욕구가 크다는 것을 보여 준다. 세계적으로도 하이엔드 관광은 전략 산업으로 주목받으며 개인 맞춤형 경험과 독점적인 접근성을 중시하는 경향이 뚜렷하다. 이러한 흐름에 비추어 볼 때 지역관광도 서비스 품질과 수준 향상에 각별한 관심을 기울여야 한다. 시장의 변화는 곧 소비자들의 기대 수준을 높인다. 향상된 수준에 맞는 고품격 콘텐츠를 기획하고 제시하는 것이야말로 차별화된 브랜딩의 핵심이다.

'잘한다'는 것은 곧 '다르게 한다'는 것이다. 오늘날 많은 지역이 우수 사례를 벤치마킹한다는 명목 아래 유사한 콘텐츠를 생산하고 있다. 그러나 현실은 '모방'을 반복하는 것에 가깝다. 벤치마킹은 특정 지역의 성공한 관광 콘텐츠와 운영 프로세스를 분석하여 우리 지역에 맞는 개선 방향과 전략을 수립하는 활동이다. 반면 모방은 타 지역의 콘텐츠를 거의 그대로 따르거나 단순 변형하는 행위로서 고유성 부족이라는 한계를 갖는다.

차별화된 지역 브랜딩은 고유한 자원을 발견하고, 그것을 독창적으로 재해석하는 작업에서 비롯된다. 지역의 유산과 현재를 연결하고, 새로운 이야기를 입혀 콘텐츠로 구현하는 것이야말로 진정한 지역다움을 만들어 내는 정석이다. 과정은 쉽지 않겠지만 '지역다운 브랜딩'은 사람들을 불러 모으고, 지역의 지속가능한 발전을 이끌어 낼 수 있는 강력한 힘이 될 것이다.

[사례 6] 창조적 발상의 힘, 파도가 없으면 만든다

파도, 그리고 그 파도를 즐기는 사람들. 해양 레저 스포츠 중 서핑은 가장 '핫(Hot)'한 종목으로 손꼽힌다. 그렇다면 서핑은 언제부터 대한민국 사람들에게 이토록 친숙한 레저 스포츠가 되었을까? 과거에 서핑은 미국 캘리포니아 해변처럼 파도가 높은 특정 지역에서 즐기는 것으로 인식되었다. 많은 이들이 기억하듯이 할리우드 영화나 미드와 같은 영상을 통해 서핑을 간접적으로 경험해 왔기 때문이다. 또 삼면이 바다임에도 불구하고 파도가 높지 않아 대한민국은 서핑과 거리가 먼 곳이라는 인식이 지배적이었다. 그러나 현재 서핑은 우리나라처럼 파도가 낮거나 심지어 없는 나라에서조차 각광받고 있다.

강원특별자치도 양양군은 서핑을 즐기는 여행자들이 집결하는 서퍼들의 천국으로 불린다. 양양군 현북면에 위치한 이국적인 풍경의 '서피비치'는 20~30대 연령층을 겨냥한 마케팅을 성공적으로 전개하며, MZ세대 사이에서 서핑과 젊음의 공간으로 통용되고 있다. 청정한 동해에 형형색색의 보드와 거기에 올라탄 사람들이 펼치는 장관은 이국의 정취를 만들기에 충분했다. 그리고 서퍼들이 만들어 낸 밤 문화는 양양에 가야 할 분명한 이유가 되었다. 그 결과 2024년 여름(8월) 양양을 찾아온 방문객은 군 인구(3만 명)의 28배인 82만 명에 달했다(통계청, 2025).

현재 서퍼들이 즐겨 찾는 하조대 인근 해변은 군사보호구역으로 일반인 출입이 통제되던 낙후 지역이었다. 2015년 '서핑'이라는 새로운 콘텐츠로 해변의 가치를 재발견한 민간 기업의 혁신적인 시도를 통해 국내 최초로 서핑 전용 해변과 다양한 부대시설을 갖춘 '서피비치'가 개장하면서 양양은 일대 전환기를 맞이한다. 전국에서 찾아오기 시작한 서퍼들이 파도타기뿐만 아니라 이국적인 라운지 바, DJ 파티, 요가 클래스, 비치 마켓 등 동해안권 타 지역에서 찾아볼 수 없었던 서핑 기반의 다양

양양군 하조대 해안길 서피비치 홍보물(왼쪽 위)과 이곳을 찾은 외국인 관광객들, 물치해변에서 서핑을 즐기는 서퍼들, 군체육회가 관광객을 대상으로 '맞춤형 서핑 교실'을 운영 중이다.
▌Photo by https://blog.naver.com/gwdoraeyo

한 비치 문화를 선보이며 차별화를 꾀했다. 시간이 지나면서 서피비치는 단순한 서핑 장소를 넘어, MZ 세대가 추구하는 '나만의 특별한 경험'과 '힙한 라이프 스타일'을 소비할 수 있는 공간으로 브랜딩되었다.

이러한 민간의 혁신적인 시도와 콘텐츠가 성공적으로 안착하자 양양군은 지역관광 활성화를 위한 민관 거버넌스의 관점에서 서피비치를 적극적으로 지원하고 관리했다. 규제 완화를 통해 운영의 자율성을 보장하고, 인프라 확충 등 다양한 행정 지원 통해 민간 주도의 성장을 도왔다. 또한 명소화를 위해 양양군 전체를 '서핑의 성지'이자 '젊음의 해방구'로 마케팅하며 지역 브랜드를 강화했다. 이러한 노력을 통해 양양군은 동해안 10개 지자체 중 '보랏빛 소'로 주목받게 되었다.

서핑으로 주목받는 또 다른 곳은 경기도 시흥시다. 이곳의 '웨이브파크'는 세계 최대 규모의 인공 서핑장으로서 지역관광의 새로운 지평을 열고 있다. 특히 '2025 WSL(World Surf League) 시흥 코리아 오픈'과 같은 국제서핑대회를 유치하며 글로벌 스포츠 이벤트 개최지로서의 위상을 확립하고 있다. 웨이브파크가 주목받는 것은 단순히 파도가 없어도 인공 파도를 만들어 사람들이 찾아오게 했다는 점 때문만은 아니다. 이 공간이 시화호 회복의 일환으로 조성되었다는 점이다.

과거 '죽음의 호수'라고 불릴 만큼 오염되었던 인공 호수 시화호가 시흥시의 지속적인 노력이 밑거름이 되어 생태계를 완전히 회복했고, 웨이브파크는 바로 그 회복의 성과를 관광자원으로 연계시킨 상징적인 공간이다.

이처럼 웨이브파크는 방문객에게 단순한 레저 공간의 소비를 넘어, 지역사회의 노력과 생태 회복의 가치를 공유하는 '의미 있는' 경험을 제공한다. 이것이 바로 웨이브파크가 다른 어떤 워터파크와도 비교할 수 없는 독창적인 브랜드가 된 이유이다.

미국 캘리포니아 중부 내륙의 르무어(Lemoore)에 위치한 '서프 랜치(Surf Ranch)'도 단순한 시설을 넘어 창조적인 자원 개발과 혁신적인 지

아시아 최초를 표방하는 경기도 시흥시 웨이브파크 전경(왼쪽 위)과 인공 파도를 즐기는 서퍼, 미국 캘리포니아주 르무어시 들판 한가운데 조성된 '서프 랜치'와 이곳을 찾은 서퍼들.
Photo by https://www.wavepark.co.kr & https://kswaveco.com

역 브랜딩의 사례로 주목받고 있다. 월드 챔피언 서퍼 '켈리 슬레이터(Kelly Slater)'가 직접 개발에 참여하여 2014년 공개된 이곳은 서핑의 천국인 캘리포니아 해안가에서 160km 이상 떨어진 내륙에 조성되었지만 진짜 파도와 같은 인공 파도를 제공한다. 약 700m 길이의 인공 수로와 거대한 수중 포일(hydrofoil)을 통해 프로 서퍼에게 최적화된 고성능 파도를 약 1분간 지속적으로 만들어 내는 게 특징이다(Kelly Slater Wave Co, 2025).

르무어에 서프 랜치가 조성된 주요 이유는 기존 인공 호수의 활용, 넓은 부지 및 풍부한 수량 확보 용이성, 그리고 캘리포니아 내 주요 도시인 로스앤젤레스와 샌프란시스코의 중간 지점에 자리 잡은 뛰어난 접근성 등이 복합적으로 작용했다. 농업 중심의 조용한 내륙 도시였던 르무어는 서프 랜치사 조성된 이후 세계 서핑 커뮤니티의 주목을 받기 시작했다. 국제 대회가 개최되고 유명 서퍼와 팬들이 모여들었다. 서프 랜치가 위치한 킹스 카운티(Kings County)의 경제개발 보고서에 따르면 서핑 관련 산업 종사자들이 유입되고 서핑 스쿨과 같은 다양한 관련 서비스가 생겨나면서 새로운 일자리가 창출되는 등 지역 경제에 새로운 활력을 불어넣고 있다(COUNTY-LEVEL ECONOMIC FORECAST, 2022).

웨이브파크와 서프 랜치는 "파도가 없으면 만들면 된다"는 혁신적인 발상의 전환을 통해 우리 지역이 '주목할 만한(remarkable)' 가치를 품고 있음을 증명했다. 자연적 제약을 극복하고 새로운 방식으로 지역다움을 창출한 이들의 도전은 어느 곳이라도 재미있고, 의미 있으며, 새로운 콘텐츠를 만들어 낼 수 있다는 것을 보여 주었다. 평범함 속에서도 새로운 것을 만들어 내는 창의적인 사고야말로 주목받는 지역관광의 핵심이다.

[사례 7] 수안보 유원재, 잊혀진 공간에 감성을 입히다

충청북도 충주시 수안보는 한때 단체 관광객의 발길이 끊이지 않던 국내 대표 온천 관광지였다. 조선왕조실록에 태조 이성계와 숙종이 병 치료와 휴양을 위해 수안보를 방문했다는 기록이 있고, 고려사, 동국여지승람, 여지도서 등 수많은 고서에 그 이름이 등장할 만큼 오랜 연륜을 자랑하는 보양 온천이다. 일제강점기부터 근대 온천 관광지로 개발되기 시작하여 1970~1980년대에는 신혼여행지로 각광받으며 전성기를 누렸다. 1978년 3호선 국도가 완성되면서 전국에서 관광객이 몰려들기 시작해 1985년에는 150만 명을 기록했다는 통계도 있다(디지털충주문화대전, 2025). 그러나 1990년대 들어 전국적인 온천 개발 붐으로 관광객이 분산되고, 사람이 찾지 않은 시설은 노후화로 이어져 결국 쇠락의 길을 걷게 되었다. 이러한 상황 속에서 2023년 온천 호텔 '유원재'가 개장하자 수안보의 이미지가 달라졌고, 사람들이 다시 찾아오면서 지역 부활의 신호탄이 켜졌다.

유원재가 들어서기 전까지 충주시는 수안보의 명성을 되찾기 위해 수십년 간 다양한 정책을 추진했지만 잃어버린 활력을 되찾기란 쉽지 않았다. 성공적인 지역 재생을 위해서는 단순히 정책을 시도하는 것을 넘어 차별화된 '브랜딩'과 이에 상응하는 건축 및 도시 계획이 필수적이다. 최근 관광 개발의 핵심 자원으로 공간, 특히 건축물이 주목받고 있다. 이는 건축물이 단순히 기능적 역할을 넘어 '경험'을 제공하는 공간 그 자체로 핵심 소비대상이 되었기 때문이다.

지역관광 개발과 관련된 논의에서 자주 등장하는 것이 관광 트렌드의 변화다. 빠르게 변화하는 여러 현상이 있지만 F&B, 그중에서도 C&B 공간의 부상은 주목할 만하다. 각 지역마다 규모화되고, 그렇지만 매력적인 인테리어와 독특한 분위기, 차별화된 식음료로 채워진 카페는 사람들을 유인하는 강력한 요소가 되었다. 단순히 아름다운 건축물이 아닌 특색을 살린 브랜딩이 실행되고 주목받게 되면서(becoming remarkable) 방문객이 스스로 찾아오고, 이를 주목한 행정이 편의시설 조성 및 환경 개선 등 인프라 구축에 나서면 사람들이 더 많이 찾아오고, 공간 소비경험이 공유되면서 명소가 되는 것이 최근의 관광 흐름이다.

유원재는 이러한 시대적 흐름과 지역 재생의 성공 방정식을 구현한 사례다. 수안보의 역사와 '99칸 한옥'이라는 전통적 요소를 현대적으로 재해석하여 만들어진 유원재는 단순한 숙박 시설을 넘어 과거의 유산을 현재의 감각으로 되살려 낸 스토리텔링이 담긴 공간으로서의 역할을 수행한다. 여기에 동남아 풀빌라나 일본 료칸에서 경험할 수 있는 '올 인클루시브' 서비스를 접목시켜 차별화된 가치를 제공하고 있다. 모든 객실에 50평 규모의 개별 정원과 노천탕이 딸려 있어 온전한 휴식을 즐길 수 있도록 디자인된 점은 기존의 노후화된 온천 시설과 확연히 대비되는 하이엔드 경험을 선사한다. 개장 초 1박에 최저 140만 원이던 요금은 최근 160만 원까지 인상되었음에도 불구하고 문전성시를 이루고 있다. 이는 유원재가 특별한 경험과 차별화된 가치를 추구하는 잠재 여행자들에게 수안보에 와야 할 명확한 이유를 만들어 주었기 때문이다. 소비자

충북 충주시 수안보 온천지구 유원재 온천호텔 전경(왼쪽 위)과 객실 내부, 호텔 실내공간, 다이닝 요리.
▌Photo by https://www.youonejae.com

들은 단지 가격이 비싸거나 시설이 좋아서가 아니라 유원재가 제공하는 공간적·심리적 만족감이 그 가치를 뛰어넘는다고 인식한 것이다.

주요 관광도시의 최근 성공사례를 살펴보면 하이엔드급 시설이 시장을 선도하고 낙수 효과로 주변에 크고 작은 숙박 시설, 맛집 등이 들어서면서 방문객이 증가하는 선순환 구조를 확인할 수 있다. 최고급 시설에 유입된 부유한 소비층이 지역 내에서 소비를 늘리면서 주변 상권이 활성화되고 새로운 사업 기회가 창출되는 것이다. 지역 주민들도 새롭

핵심 거점의 선순환

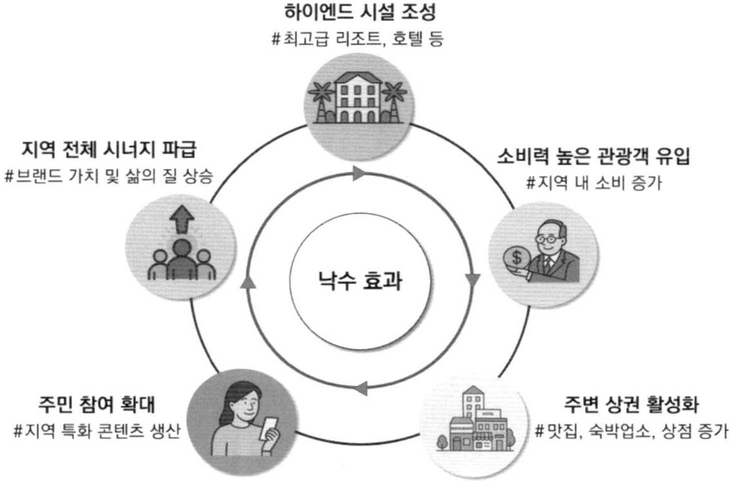

게 유입되는 방문객의 욕구에 맞춰 지역 특색을 살린 콘텐츠 생산에 적극 참여하게 되면 핵심 거점으로 인해 발생된 시너지가 지역 전체로 확대되는 상승효과를 경험할 수 있다.

유원재 역시 수안보에 새로운 관광객을 유인하여 낙수 효과를 발생시키는 등 지역 부활의 신호탄이 되고 있다. 또한 유원재는 공간이 어떻게 지역의 '다름'을 만들고, '경험'을 통해 방문객과의 '관계'를 형성하는지 명확히 보여 준다. 이제는 과거의 명성에 기대는 마케팅에서 벗어나야 한다. 현재와 미래의 여행 트렌드를 읽고 그에 맞는 혁신적인 콘텐츠와 건축적 시도를 통해 지역의 새로운 가치를 창출하는 것이 필요하다. 궁극적으로 사람들이 왜 이곳에 와야 하는가에 대한 명확하고 차별화된 이유를 끊임없이 고민하고 공간에 구현하는 것이 지속가능한 지역관광 활성화의 핵심 과제다.

4. 지역관광, 일할 사람이 있나요?

대한민국은 지금 지역소멸이라는 거대한 위기에 직면해 있다. 통계청의 장래인구추계에 따르면, 2022년 기준 229개 시군구 중 118곳(51.5%)이 소멸위험 지역에 해당하며, 이 수치는 계속해서 증가할 전망이다. 특히 2045년부터는 전국 모든 시·도에서 자연감소 현상, 즉 사망자가 출생아 수를 앞지르는 인구구조 변화가 본격화되어 2072년에는 대한민국의 총인구가 3,622만 명 수준까지 감소할 것으로 추산된다(통계청, 2023).

이러한 인구 감소는 단순히 수치상의 변화가 아니다. 지방의 현실은 더욱 심각하고 복합적이다. 인구 부족은 기업의 투자 심리를 위축시켜 생산 시설의 이전을 유도하고, 지역에는 노년층 중심의 저부가가치 일자리가 대부분을 차지하는 왜곡된 고용구조가 초래되고 있다. 결국 지방의 지속적인 인구감소 추세는 반대로 수도권으로의 인구 집중을 심화시키고 있고, 대다수 농어촌에서는 '60대 청년'이라는 표현이 '70대 청

국내 총인구 추계

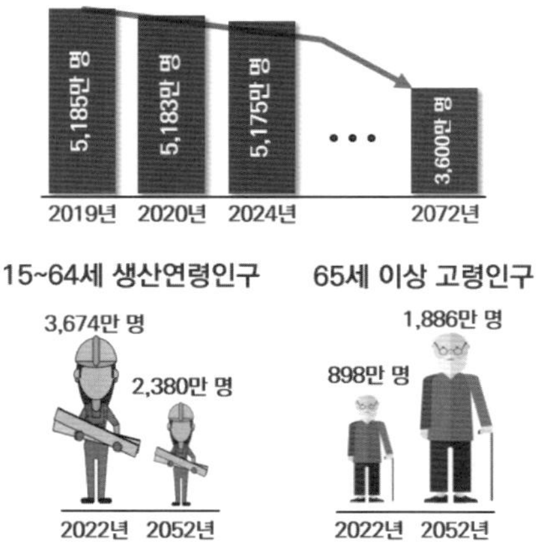

자료: 통계청.

년'으로 바뀔 만큼 주 활동 인구층이 고령화되었다. 실제로 15~64세 생산연령인구는 2022년 3,674만 명에서 2052년 2,380만 명으로 줄어드는 반면 65세 이상 고령 인구는 같은 기간 898만 명에서 1,886만 명으로 두 배 이상 증가할 것으로 예측되었다(통계청, 2024).

이러한 인구구조의 변화는 지방 경제와 재정 기반에도 직접적인 타격을 주고 있다. 생산가능인구의 감소는 곧 지역 내 총생산 감소로 이어지고, 이는 지방자치단체의 세입 축소로 연결된다. 재정 여건이 나빠지면 교육, 복지, 문화 등 핵심 분야에 대한 투자도 줄어들 수밖에 없으며, 이는 다시 청년층의 유출과 지방 외면이라는 악순환으로 이어진다.

이 같은 절박한 상황을 타개하기 위해 지방자치단체들은 '관광산업'을 가장 효과적인 정책적 수단으로 선택하고 있는데 문제는 각 자치단체들의 관광 콘텐츠가 비슷한 경향을 보인다는 데 있다. 트렌드를 주도하는 MZ 세대를 핵심 타깃으로 설정하고, 그들의 기호를 반영한 콘텐츠와 시설을 계획하는 형태가 대다수다. 청년 세대가 좋아할 만한 매력적인 공간을 조성해 방문객을 유치하겠다는 전략은 타당해 보이지만 이러한 하드웨어 중심의 접근법은 "그래서 누가 운영할 것인가"라는 근본적인 질문을 종종 간과한다. 지역관광의 성공은 멋진 시설이나 콘텐츠를 만드는 것뿐만 아니라 그것을 실제로 운영하고 유지해 나갈 사람, 즉 '운영 주체'를 어떻게 확보하느냐가 먼저이기 때문이다.

실제 지역관광 활성화를 위한 계획수립 과정에서 마주하는 농어촌의 현실은 뉴스나 유튜브 영상을 통해 간접적으로 듣고 보는 것보다 훨씬 심각하다. 주간에는 행정의 중심지인 읍(邑)을 조금만 벗어나도 사람을 찾기 어렵다. 거동이 가능한 주민들은 대부분 농사일로 분주하다. 마을회관에서 마주한 70~90대 어르신들에게 새로운 관광사업을 이끌어 갈 물리적 동력을 기대하기는 어렵다. 이러한 인구구조적 한계가 엄연히 존재하고 있음에도 농어촌 지역의 관광개발 논의는 여전히 새로운 시설을 만드는 데 초점을 맞추는 경향이 강하다.

전라남도 A지자체의 관할 면(面)에 위치한 마을 활성화 계획 수립을 위해 사전 회의에서 오고 간 대화는 이와 같은 현실을 단적으로 보여 준다. 군청의 관광과장은 연구진에게 "청년층을 유인하기 위해서는 특별한 경험을 제공하는 감각적인 시설이 필요하다"며 최신 트렌드가 반영된 시설 구상을 보고서에 담아 줄 것을 요청했다. 이는 대부분의 농어촌 지자체에서 나타나는 전형적인 상황일 것이다. 관광과장이 제시한 개발의 방향성은 틀리지 않다. 특별함이 없다면, 그리고 그 마을에 가야 할 이유를 찾지 못한다면 여행자들이 굳이 시골 마을을 목적지로 삼지 않을 것이기 때문이다. 하지만 운영 측면에서 계획 수립의 첫 단추를 끼운다면 방향은 달라지게 된다.

"시설은 누가 운영하게 됩니까? 면 단위의 작은 마을에 도시 청년들이 아르바이트를 하러 올 수 있을까요? 전국적으로 유사한 시설을 짓고 도시 청년에게 위탁 운영을 맡기겠다는 구상이 실제로 성공한 사례는 얼마나 됩니까? 더 나아가, 지역 주민은 자신들의 마을에 세워진 수익성 있는 시설의 운영을 외부인에게 맡기는 것에 순순히 동의할까요? 혹시 '돈이 될 만한' 시설의 운영권을 외지인에게 넘겨주지 않으려는 지역의 문화적 장벽은 없습니까? 결국, 누가 커피를 내리고, 브런치를 만들며, 방문객을 사로잡을 디저트를 개발하고 판매할 것입니까?"

연구진이 관광과장과 담당 공무원들에게 던진 질문들 앞에서 잠시 어색한 침묵이 흐르는 것은 비단 A지자체에 국한되지 않는다. 전국 대부분의 농어촌 지자체가 운영 주체에 대한 고민 없이 하드웨어 계획을 선호할 때 자주 나타나는 장면이다. 운영자를 찾지 못해 문을 닫거나, 막대한 예산을 투입하고도 최소한의 관리만 이루어지는 시설은 그나마 양호하다. 관광이나 도시 재생, 농어촌 활성화 사업 등 다양한 명목으로 설치한 뒤 방치된 공공시설물은 어렵지 않게 찾아볼 수 있다. 이들 시설의 공통점은 주민 의견을 수렴해 조성했다는 것이다. 우리 마을에 또는 우리 지역에 이러저러한 시설들이 있으면 좋겠다는 청원을 받아 지었지만 정작 운영과 관련해서는 깊은 고민이 없었다는 것을 방치된 시설물에서 엿볼 수 있다. 따라서 성공적인 지역관광 계획은 '무엇을 지을 것인가?'라는 하드웨어적 고민보다 '누가 운영할 것인가?'라는 소프트웨어

지역관광 '누가?'를 먼저 계획

적 고민에서 출발해야 한다. 운영 주체를 먼저 정하고 난 뒤 역량에 맞는 시설과 콘텐츠를 구상하는 것이 올바른 순서다.

농어촌 지역의 인력 문제를 해결하기 위해서는 두 가지 방향의 접근이 동시에 필요하다. 첫째는 외부의 인적 자본을 적극적으로 유치하여 성공적인 정착을 지원하는 것이며, 둘째는 기존 주민의 역량을 강화하는 것이다. 후자의 경우 이미 여러 지역에서 다방면으로 노력하고 있는 만큼 이 글에서는 전자에 대해 집중적으로 이야기해 보고자 한다. 최근 주목받는 '관계인구'와 '생활인구' 개념은 외부 인적자본 유치 전략에 중요한 시사점을 제공한다. 관계인구라는 용어는 인구소멸 시대의 새로운 대안으로서 제시된 개념이다. 2004년 일본 니가타현 추에쓰 지진 당시 구호 활동을 하러 간 도시 청년들이 지역의 존재에 눈을 뜨면서 자신의 근황을 '지역관계활동'이라고 부른 것에서 시작되었다. 이후 관계인구는 실제로 살지 않지만 지역에 다양하게 참여하는 사람 또는 소비와 납세에 얽매이지 않고 지역과 관계를 엮는 사람, 농어촌에 다양한 관심을 갖고 참여하는 사람들로 정의되고 있다(NABIS, 2022). 2023년부터 시행된 '인구감소지역 지원 특별법'에 따라 공식 도입된 생활인구는 통근, 통학, 관광, 휴양, 업무, 정기적 교류 등의 목적으로 주민등록지가 아닌 특정 지역을 월 1회, 하루 3시간 이상 방문하여 생활을 영위하는 사람을 말한다(통계청, 2025). 이는 단순히 주민등록인구를 늘리는 것에서 벗어나 지역과 다양한 형태로 관계를 맺는 사람들을 포용하고, 이들을 지역 발전의 동력으로 삼으려는 정책적 전환을 의미한다.

그러나 이러한 노력에도 불구하고 어렵게 지역에 정착한 이주자들 중 일부가 원주민들의 텃세와 행정의 무관심 등으로 인해 다시 도시로 돌아가는 현상은 여전히 반복되고 있다. 2024년 농림축산식품부 귀촌 실태조사는 이주민들이 정착 과정에서 겪는 어려움을 명확히 보여 준다. 이 결과에 따르면 귀촌인 중 11.8%가 현재 거주지를 떠나 도시로 돌아가거나(10.5%), 다른 농촌 지역으로 이주할(1.3%) 계획이 있다고 응답했다(통계청, 2024). 이는 지역 정착이 개인의 의지나 경제적 여건만으로 해결될 수 없는 복합적인 문제임을 보여 주는 대목이다. 지역단위 조사를 보면 이주민들이 떠나려는 이유를 좀 더 명확하게 들여다볼 수 있다. 2024년 전라남도 곡성군의 귀농·귀촌 실태조사에 따르면 응답자 중 11.4%가 '다시 이주할 계획이 있다'고 밝혔다. 그리고 정착 이후 '마을 주민들과 갈등을 경험'한 비율은 8.4%에 달했으며, 주요 갈등 원인으로는 '농촌과 도시의 생활방식 차이'가 25.4%, '귀농·귀촌인에 대한 선입견과 텃세'가 25.3%로 거의 동일한 비중을 차지했다. 더욱이, 지역 주민들이 개선해야 할 인식에 대한 질문에서는 '개인 생활방식에 대한 존중'이 45.5%로 가장 높게 응답되었고, 이어 '귀농·귀촌인에 대한 선입견 및 텃세 해소'가 13.5%로 나타났다(통계청, 2024). 이런 내용은 같은 해 경상남도 고성군에서 실시된 조사에서도 나타나 전국적인 문제라는 것을 보여 준다. 이 결과들은 외부인을 포용하는 개방적인 지역 문화를 조성하는 것과 더불어 이주민들이 지역사회에서 자신의 역량을 충분히 발휘하고 리더로 성장할 수 있도록 돕는 체계적인 지원 시스템을 보여 주기 식이 아닌 진정성을 가지고 지속적으로 실행할 때, 비로소 성공적인 지역관광을 위한 인적자원을 안정적으로 확보할 수 있다는 것을 시사한다.

결국 '누가 운영할 것인가?'의 문제를 해결하기 위한 구체적인 대안은 원주민과 이주민을 가리지 않고 역량을 갖춘 리더를 발굴 및 육성하는 데서 찾아야 한다. 관광은 사람의 산업이며, 지역의 미래를 이끌어 갈 주체 또한 결국 '사람'이기 때문이다. 이러한 맥락에서, 지역관광의 성공을 좌우하는 핵심 요소로서 어떤 리더십이 요구되는지에 대한 논의는 매우 중요하다. 단순히 운영자를 배치하는 수준을 넘어 지역의 자원과 특성을 이해하고, 변화하는 관광 환경 속에서 새로운 가치를 창출할 수 있는 리더가 필요하다. 정부지원사업이 종료되면 바람과 함께 사라지듯 사업장을 폐쇄하고 떠나는 사람들로 인해 방치되는 공공시설과 제자리에 맴도는 수준의 지역관광을 더 이상 방치해서는 안 되기 때문이다. 현대 관광 리더십 연구와 함께 DMO 및 관광두레 PD[4]의 현장 사례를 종합

4 지역 주민들이 지역 고유의 특색을 지닌 숙박, 식음, 여행, 체험, 기념품 등을 생산, 판매하는 관광사업체를 창업, 경영할 수 있도록 밀착 지원하는 관광두레사업의 핵심 주체를 지칭한다. 지역 현장에서 주민 사업체의 발굴과 조직화에서부터 창업과 경영개선 지원까지 사업 전 과정을 총괄적으로 진행한다. 관광두레 PD는 총괄 기관과 주민, 지자체와 주민, 고객과 주민, 주민과 주민 사이에서 중간지원역할을 수행하는 기획자이자 활동가이다.

해 보면 성공적인 지역관광 리더는 다음의 네 가지 핵심 역량을 통합적으로 발휘하는 인물로 요약될 수 있다.

첫 번째는 '비전 기획자(Vision Planner)'다. 지역관광의 미래 방향과 청사진을 제시하는 역량을 지닌 리더를 의미한다. 이들은 흩어져 있는 지역 유·무형 자산의 가치를 재발견하여 다른 지역과 차별화되는 매력적인 관광 비전을 제시하고 구체화하는 능력을 갖추고 있다. 단순히 방향을 제시하는 것을 넘어 지역의 역사, 문화, 자연환경에 대한 깊이 있는 이해를 바탕으로 '지역다움(localism)'이 무엇인지 규정하고, 이를 토대로 고유성이 살아 있는 관광 기획을 설계할 수 있다. 비전 기획자는 수립된 방향성을 지역 주민과 행정, 시민사회단체, 관광산업 종사자 등 다양한 이해관계자들과 활발히 공유하며 이들의 자발적인 참여와 지지를 이끌어 낼 수 있는 소통 역량도 갖추고 있다. 무엇보다 지역에 찾아오는 방문객 숫자와 같은 단기적인 실적에 집중하기보다는 사회·경제·환경 등 모든 분야의 지속가능성을 고려한 중장기적 관점에서 지역의 미래를 설계하고 실현 가능한 발전 로드맵을 마련하는 데 주력한다. 이는 유엔세계관광기구(UN Tourism)가 강조하는 지속가능한 관광의 핵심 원칙과 궤를 같이한다. 유엔세계관광기구는 관광이 사회적 형평성, 경제적 번영, 환경보호의 균형을 이루는 방식으로 발전해야 함을 역설하고 있고(UN Tourism, 2025), 비전 기획자는 이러한 거시적인 목표를 지역관광 단위에서 비전과 계획으로 구현해 낼 줄 아는 사람들이다.

두 번째는 '혁신적 경영자(Innovative Manager)'다. 수립된 비전을 현실로 만들어 가는 데 있어 과감한 실행력을 보여 주는 리더다. 이들은 전통적인 방식에서 벗어나 새로운 기술, 경영 기법, 사업 모델을 도입하며 지역관광 시스템의 효율성과 경쟁력을 높이는 데 주력한다. 낡은 관행을 타파하고 새로운 가치를 창출하는 혁신을 주도하기 위해 관광객 데이터, 시장 트렌드, 소비자 리뷰 등을 과학적으로 분석하여 직관이 아닌 데이터 기반의 경영 전략을 수립하고 실행하는 역량을 갖추고 있다. 또 혁신적 경영자는 최신 정보통신기술(ICT)을 지역관광 서비스에 접목하여 관광객의 편의성과 만족도를 극대화하는 것을 선도하고, 유휴 공간 또는 지역의 전체 공간을 활용한 숙박모델 개발, 로컬 푸드를 활용한 다양한 상품화 시도, 워케이션과 디지털 디톡스(digital detox) 등 트렌드를 반영한 프로그램 운영 등 새로운 부가가치를 창출할 수 있는 사업을 끊임없이 모색하고 시도하는 특징을 보인다.

세 번째는 창의적 디자이너(Creative Designer)다. 관광객의 마음을 사로잡을 독창적이고 매력적인 관광 콘텐츠를 만들어 내는 예술적 능력을 가진 리더다. 이들은 지역의 평범한 자원에 상상력과 스토리텔링을 더해 세상에 없던 새로운 경험을 디자인할 수 있다. 또 지역의 다양한 이야기와 역사적 사건, 인물, 공간 등을 발굴하고 이를 관광자원과 결합하여 사람들의 감성을 자극하는 흥미로운 콘텐츠를 만들어 낼 줄 안다. 최근 창의적 디자이너가 주목받는 이유는 온라인 콘텐츠 세대의 등장과 문화 콘텐츠 산업의 발달로 관광 콘텐츠 개발이 지속적으로 증가하고 있으며, 스토리텔링은 관광 상품의 다양성과 차별성을 확보하는 데 중요한 요소로 작용하기 때문이다. 이에 다라 단순 관람을 넘어 지역의 역사와 문화에 몰입하는 스토리텔링형 관광 상품에 대한 수요에 대응해 지역 고유의 역사와 문화를 기반으로 한 차별화된 관광 콘텐츠를 기획할 줄 아는 리더가 바로 창의적 디자이너다.

강원도 특산물인 감자를 활용해 수제 맥주를 만들고 지역 농가와 상생하며 관광을 활성화한 춘천시 '감자아일랜드', 조선시대 단종의 유배지라는 역사적 스토리를 '위로'라는 감성 키워드로 연결하고, 지역 자원인 쑥을 활용한 특색 있는 먹거리를 개발하여 관광객을 불러들인 강원도 영월군의 '위로약방', 해녀들이 직접 채취한 해산물로 만든 음식을 제공하고 그들의 삶을 이야기로 풀어내는 제주도 '해녀의 부엌' 등은 창의적인 디자인 역량을 갖춘 리더가 지역에 새로운 관광 시장을 만들어 낸 사례들이다.

이들은 협업을 중요하게 여기는 특징도 보인다. 지역의 예술가, 공예가, 청년 창업가 등 '로컬 크리에이터'들과 적극적으로 연대하고 협력해 차별화되고 진정성 있는 콘텐츠를 만들어 냄으로써 지역에 지속적으로 공급하는 역할도 마다하지 않는다.

마지막은 소통 코디네이터(Communication Coordinator)다. 지역관광 개발 과정에서 필연적으로 발생하는 다양한 갈등을 합리적으로 조정하고, 상생의 협력 모델을 구축하는 데 핵심적인 역할을 수행하는 리더다. 관광 개발은 오버투어리즘, 투어리스티피케이션 등과 같은 다양한 갈등을 야기할 수 있으며, 이때 코디네이터의 역할은 사업의 지속가능성을 담보하는 데 필수 요소가 된다. 소통 코디네이터는 원주민, 이주민, 행정, 상인, 외부 투자자 등 다양한 이해관계자의 입장을 경청하고, 투명하고 공정한 소통을 통해 신뢰 기반의 거버넌스를 구축할 수 있어야 한다. 그래서 이들은 잠재적 갈등 요소를 사전에 파악하고, 협력적 문제해결 방식을 통해 모두가 수용할 수 있는 대안을 모색하는 능력을 갖추고 있다는 게 핵심 특징이다. 주민과 행정, 전문가를 잇는 중간지원조직의 역할을 수행하는 '관광두레 PD'는 이러한 리더십을 보여 주는 좋은 사례다. 한편 소통 코디네이터 리더십은 지역관광 개발의 계획부터 실행, 평가에 이르는 전 과정에 지역 주민의 참여를 보장하고, 개발로 인해 발생하는 이익이 지역 사회와 주민에게 차등의 원칙이 적용된 공정과 공평에 기반하여 환원되는 구조를 설계할 수 있어야 한다.

지금의 지역관광은 '무엇을 만드느냐'보다 '누가 하느냐'가 중요한 시대다. 인구 감소와 고령화라는 구조적 한계 속에서 의지와 경험, 안목을 갖춘 '사람'에게 지역관광의 성공이 달려 있다고 해도 지나치지 않다. 그렇기 때문에 앞서 제시한 네 가지 유형의 지도자들이 지역에서 자신의 꿈을 펼칠 수 있도록 환경을 조성하는 것이 무엇보다 시급하다.

이를 위해 지역은 내부의 인재를 발굴하여 역량을 키우는 동시에 외부의 유능한 인재를 적극적으로 유치하고 그들을 차별 없이 포용하는 성숙한 문화를 정착시켜야 한다. 또 행정은 단기적인 시설 투자 중심의 지원에서 벗어나 이러한 리더들을 발굴·육성하고, 이들이 지역사회에 뿌리내릴 수 있도록 장기적인 관점에서 인적 자본에 투자해야 한다. 결국 지역 소멸에 맞서는 가장 강력한 무기는 시설이 아닌 사람이며, 혁신적인 리더들과 함께 '사람'에 투자할 때 비로소 지역은 관광을 통해 활력을 되찾고 지속가능한 미래를 열어 갈 수 있을 것이다.

[사례 8] 강진 달빛한옥마을, 사람이 모여 희망을 만들다

대한민국 농어촌 지역은 심각한 인구 감소와 고령화라는 구조적 위기에 직면해 있다. 이를 극복하기 위해 정부와 지방자치단체는 관광 인프라 조성에 막대한 예산을 투입해 왔지만, 시설의 물리적 구축에만 집중한 나머지 그 공간을 어떻게 운영하고 누구와 함께 유지할 것인지에 대한 논의는 부족했다. 이로 인해 많은 관광시설이 지원사업 종료 후 방치되거나 운영 주체의 부재로 무용지물이 되는 사례가 빈번했고 현재도 상황은 비슷하다. 이러한 현실 속에서 전라남도 강진군 성전면 월남리에 위치한 '달빛한옥마을'은 지역관광의 지속가능한 성공은 결국 '누가 하느냐'에 달려 있다는 사실을 보여 주는 대표적 사례로 주목받고 있다.

2022년 하반기 월출산 권역(월남리, 월하리) 계획 수립차 방문했던 이 마을은 2013년 강진군이 도시민 유입과 지역 인구감소 문제를 해결하고자 조성한 계획형 한옥 주거단지로, 남도의 금강산이라 불리는 월출산 자락 아래 조성되어 있다. 총 29채의 한옥 중 13채가 현재도 민박을 운영하며 연간 5천여 명의 투숙객을 불러 모으는 전남의 대표 관광지로 자리매김하고 있다. 이곳 주민의 다수는 인접한 광주광역시와 수도권 등 대도시의 공공기관, 금융권, 언론사 등에서 은퇴한 전문 인력들이라는 점이 특징이다. 마을이 형성되고 새로운 이웃으로 만나게 된 주민들은 '강진 달빛한옥마을'이라는 이름을 스스로 만들었을 뿐만 아니라 마을자치규약과 운영 위원회를 구성하는 등 자율적인 공동체 운영 기반을 마련했다. 이러한 노력은 새로운 이주민들로 이루어진 공동체가 내부 갈등 없이 안정적으로 정착하는 데 기여했다.

달빛한옥마을이 대한민국 대표 농촌민박지역으로 자리 잡은 배경에는 단순히 한옥이라는 물리적 공간을 숙박 시설로 제공한다는 개념을 넘어 '관계 형성'과 '이야기가 있는 체험'을 콘텐츠로 기획했다는 데 있다. 수년 전만 해도 농촌의 민박은 마을 주민들이 자신의 집 일부를 내어 주는 단순 숙박의 형태로 운영되는 게 일반적이었다. 조식 제공이 가능한 민박의 특성상 일부 주민들이 밥상을 차려 주고는 있지만 달빛한옥마을의 아침 밥상은 다른 곳과 뚜렷하게 차이나는 '특별함'으로 구성되면서 방문객들에게 잊지 못할 경험을 제공하며 재방문을 유도하는 핵심 요소로 작용하고 있다. 투숙객에게는 마을 공동 텃밭에서 재배한 신선한 채소는 물론, 강진 특산물을 활용한 건강하고 정성스러운 밥상이 제공된다. 집집마다 주인장의 솜씨가 담긴 요리와 다채롭고 건강한 반찬들로 가득 채워져 마치 친정이나 본가에 온 듯 푸근함을 안겨 주는 밥상 덕에 손님들은 온몸과 마음의 굶주림을 풍족하게 채우는 중이다. 이 마을의 차별화된 조식 서비스는 도시에서 이주해 온 주민들이 서비스 마인드, 즉 환대 정신을 갖추고 있었기에 가능했다. 이들은 '맛의 고장' 전라남도의 농촌 민박에서 방문객들이 진정으로 찾고자 하는 욕구를 읽어 내어 이를 조식 서비스라는 핵심 콘텐츠로 기획했다. 맛은 기본이고 형형색색 아름다운 비주얼을 자랑하여 시각적으로도 훌륭한 밥상, 즉 '눈으로 먼저 먹고 입으로 즐기는' 남도 아침 밥상이라는 달빛한옥마을만의 차별화된 경쟁력을 만들어 낸 것이다.

이주민과 투숙객 간의 깊이 있는 소통도 중요한 요소다. 각 민박집에서는 손님이 찾아오면 월출산을 조망할 수 있는 거실이나 툇마루에서

월출산 자락을 배경으로 조성된 강진군 월남면 달빛한옥마을 전경(왼쪽 위)과 마을 안길, 마을 풍경을 담고 있는 관광객, 마을 인근에 위치한 대규모 녹차밭.
▌Photo by Sungmoon Jung

함께 웰컴 티(welcome tea)를 나누며 이주민의 삶과 마을의 이야기, 지역의 문화를 공유한다. 이런 시간은 관광객이 단순한 투숙객이 아닌 생활인구나 관계인구로 확장 가능한 계기가 되며, 결과적으로 재방문을 유도하는 중요한 요인으로 작용한다. 각각의 한옥은 주인장의 예술적 감각이 묻어나는 조경과 인테리어, 집집마다 차별화된 농촌 체험 콘텐츠 등으로 개성과 스토리를 담고 있다. 또한 문화체육관광부의 '사진 찍기 좋은 곳'으로도 선정될 만큼 시각적 콘텐츠로서도 높은 가치를 지니고 있다. 이처럼 마을을 찾아오는 방문객들과의 진정성 있는 소통과 교류에 방점을 둔 운영 철학은 마을이 조성될 당시부터 주민들이 제정한 마을자치규약에 잘 반영되어 있다. 상업화를 지양하고 진정성 있는 농촌체류 경험을 제공하는 데 집중하도록 마을 내에 상업 시설은 일절 허용하지 않고 있다.

이는 과도한 경쟁과 수익성 추구로 인해 마을 고유의 매력이 훼손되는 것을 방지하고, 방문객들이 오롯이 자연과 한옥, 그리고 주민과의 교감에 집중할 수 있도록 하려는 주민들의 의지가 반영된 것이다. 이 같은 규약은 공동체의 정체성과 품격을 유지하며, 방문객에게 일관된 경험을 제공하는 토대일 뿐만 아니라 주민들이 스스로 마을의 방향성을 설정하고 관리함으로써 내부적인 결속력을 강화하는 바탕이다. 매년 수천 명이 월출산 아래 작은 한옥마을을 찾는 데는 분명한 이유가 있는 셈이다.

이곳에서 만난 한 주민은 "우리 마을은 민박 사업을 하기 좋은 곳입니다. 강진의 '푸소' 사업 덕분에 연중 방문객이 끊이지 않습니다. 민박집 대부분에서 연평균 5천만 원 정도의 수익이 발생합니다. 저는 개인 사정 때문에 1년에 150팀 정도만 받고 있는데도 2천만 원 내외의 수익을 내고 있죠. 외지인이 와서 살기에도 무척 좋은 동네라고 생각하며, 이곳을 좀 더 확장해도 좋을 것 같습니다"라며 마을의 민박 사업이 성공리에 활성화되었고, 지속가능하게 성장할 것이라는 믿음을 내비쳤다.

달빛한옥마을의 성공은 주변 지역에도 긍정적인 파급효과를 미치고 있다. 그러나 마을 조성 초기에 주변 원주민 마을의 시선은 복합적이었다. 도시 이주민 중심의 마을 조성을 두고 '귀족 마을'이라는 오해와 함께 부정적인 시선도 존재했다. 특히 앞선 귀촌자들과의 공동체 생활 갈등으로 외부인에 대한 부정적인 시선과 더불어 관광객의 늦은 시간 활동이나 쓰레기 문제 등이 겹쳐져 일부 마을에서는 관광개발 자체에 회의적인 시각을 유지하기도 했다. 그러나 시간이 지나면서 달빛한옥마을의 유명세가 인근 월하마을, 죽전마을, 안운마을 등으로 확산되면서 인식 변화가 일어났다.

관광객들이 인근 문화유산을 탐방하며 지역 상권에서 소비를 늘려 가고, 강진군 또한 관광 정책을 마을 단위에서 권역 단위로 확장해 추진함으로써 이들 마을은 관광 개발의 가능성을 모색하게 되었다. J마을에서는 하천 정비나 둘레길 조성을 통해 달빛한옥마을 방문객을 유치하고, 저수지 주변을 개발하여 힐링 코스를 만들자는 제안을 했으며, A마을은 백운동 원림 연계 둘레길 조성, 마을 카페와 같은 수익시설 운영, 마을 해설사 양성 등 관광 개발에 대한 적극적인 참여 의지를 표명했다. 이러한 변화는 달빛한옥마을의 성공이 인접 마을들의 관광에 대한 태도를 재정립하고 상생의 가능성을 열어 가는 촉매제 역할을 했음을 증명한다.

현재의 지역관광은 '무엇을 만드느냐'보다 '누가 하느냐'가 중요한 시대다. 인구 감소와 고령화라는 구조적 한계 속에서 의지와 경험, 안목을 갖춘 '사람'에게 지역관광의 성공이 달려 있다고 해도 지나치지 않다. 강진 달빛한옥마을의 사례는 지역관광 활성화의 핵심이 '운영하는 사람'의 역량에 있음을 명확히 보여 준다. 그래서 앞서 제시한 네 가지 유형의 지도자들이 지역에서 자신의 꿈을 펼칠 수 있는 환경을 조성하는 것이 무엇보다 시급한 과제다. 내부 인적자원이 부족할 경우 외부의 역량 있는 인재를 유치하고, 그들이 자리를 잡을 수 있도록 텃세 대신 환대를, 지원 사업을 앞세운 관여보다는 자율적 운영 체계를 구축해야 한다.

결국, 지방이 관광으로 지역 소멸을 각고 공동체와 지역 경제 활성화를 견인하기 위해서는 단기적인 성과에 급급한 하드웨어 투자가 아니라, '사람'에 대한 투자와 이들이 만들어 갈 '관계'의 가치를 이해하고 지원하는 장기적인 안목을 가져야 한다는 것을 달빛한옥마을이 증명하고 있다.

3장

우리다움, 함께 그리고 새롭게

1. 모든 것의 시작, 우리다움의 정립

지금 대한민국은 로컬 전성시대라 해도 과언이 아니다. 수많은 지역이 저마다 관광 활성화를 외치며 막대한 예산을 투입하고 있다. 그러나 그 노력의 결과는 어떠한가? 여행자의 눈에 비친 지역의 모습은 안타깝게도 크게 다르지 않다. 어디서 본 듯한 벽화 마을, 이름만 다른 출렁다리, 판에 박은 듯한 지역 축제 등 '복붙식' 콘텐츠가 넘쳐난다. 이러한 현상은 여행자에게 '왜 다른 곳이 아닌, 반드시 이곳을 가야만 하는가?'라는 질문에 명확한 답을 주지 못한다.

이것이 바로 오늘날 많은 지역관광이 동력을 잃는 근본적인 원인, 즉 '정체성의 부재(不在)'다. 여행은 시간과 비용을 투자하는 행위이며, 여행자는 그만한 가치가 있는 특별한 경험을 원한다. 비슷비슷한 볼거리와 즐길 거리 속에서 차별성을 상실한 장소는 여행자의 선택지에서 쉽게 밀려날 수밖에 없다. 결국 정체성의 부재는 방문객을 유인하지 못하는 가장 치명적인 약점이 된다.

반면, 우리는 성공한 관광 목적지들이 강력한 '자기다움'을 가지고 있음을 안다. 그들은 자신만이 가진 고유한 이야기를 발굴하고, 이를 바탕으로 대체 불가능한 '장소 브랜드(Place Brand)'를 구축하여 세상과 소통한다. 스위스 체르마트(Zermatt)가 알피니즘(alpinism)[1]의 역사를, 일본 나오시마(直島)가 예술의 혼을 파는 것처럼 성공적인 곳들은 자신의 정

세계에서 가장 상징적인 산 중 하나이자 스위스 알프스를 대표하는 마테호른(Matterhorn)의 북쪽 기슭 해발 1,608m 고도에 자리한 작은 마을 체르마트(사진 왼쪽)는 알프스 등산·스키 관광의 중심지이며, 일본 나오시마를 상징하는 아이콘인 '호박 조각'은 섬의 정체성과 지역관광을 대표한다.
▌Photo by https://www.myswitzerland.com & https://www.my-kagawa.jp/art

체성을 하나의 상품이자 철학으로 승화시킨다. '남들과 다르게 한다'는 것은 단순히 튀는 아이디어를 내는 것이 아니다. 그 지역만이 간직한 고유한 역사, 문화, 생활양식, 즉 지역주의(Localism)에 기반한 정체성을 확보하고 그것을 일관되게 지켜 나가는 전략적 행위다.

따라서 지속가능한 지역관광으로 나아가는 길은 외부의 성공 사례를 모방하는 것이 아니라, 우리 안의 고유함을 발견하고 그것을 가장 매력적인 방식으로 드러내는 데서 시작되어야 한다.

1 프랑스어 'alpinisme'에서 유래하며, 'Alpes(알프스 산맥)'와 '-isme(~주의, ~방식)'의 합성어다. 18세기 말 얼음과 만년설에 덮인 해발 4천 m 이상의 알프스 산맥을 오르는 행위에서 시작되었으며, 단순한 산행을 넘어 기술적 난이도, 도전 정신, 자연과의 교감을 중시하는 철학적 등반 형태로 발전했다. 현대의 알피니즘은 장비에 의존하기보다 인간의 체력, 판단력, 기술력으로 험준한 산을 오르는 등반 문화를 의미한다.

진정한 매력은 모방이 아닌 고유함에서 나온다. 남들이 가진 것을 부러워할 것이 아니라, 우리 지역만의 장점이 무엇인지 깊이 통찰해야 한다. 그것이 비록 낡고 오래된 것일지라도, 그 안에 담긴 역사와 이야기, 독특한 경관은 그 어떤 최신 시설도 흉내 낼 수 없는 강력한 무기다.

바로 이 지점에서 '장소 브랜딩(Place Branding)'이라는 전략적 접근이 필요하다. 낡고 오래된 것 속에 잠들어 있는 고유한 가치를 발견하고, 이를 현대적 감각으로 재해석하여 하나의 강력한 브랜드로 체계화하는 것이다. 그 핵심은 세 가지로 요약할 수 있다.

첫째, 모든 지역 브랜딩의 시작과 끝은 '로컬' 그 자체에 있다. 브랜드의 기반이 되는 '자기다움'은 결코 외부에서 빌려오거나 만들어 낼 수 없다. 그것은 지역의 역사, 자연환경, 산업, 인물, 주민들의 생활양식 등 지역의 DNA 속에 이미 존재한다. 강원특별자치도 강릉시가 '커피 도시'라는 강력한 브랜드를 얻게 된 것은 하루아침에 일어난 일이 아니다. 이는 바다를 사랑한 1세대 바리스타들의 자생적인 문화가 오랜 시간 축적된 결과이다. 전라남도 신안군의 '퍼플섬' 또한 독창적인 브랜드를 창조한 성공 사례다. 이곳은 자동차로 들어갈 수 있는 끝섬인 안좌면의 반월도와 박지도 전체를 흔히 볼 수 있는 보라색 도라지꽃으로 뒤덮는다는 과감한 발상에서 시작되었다. 따라서 브랜딩의 첫걸음은 우리 지역에만 있는 것이 무엇인지, 당연하게 여겨 왔던 것들 속에 어떤 특별함이 숨어 있는지 발견하는 집요한 탐색 과정이어야 한다.

자기다움 '장소 브랜딩' 3요소

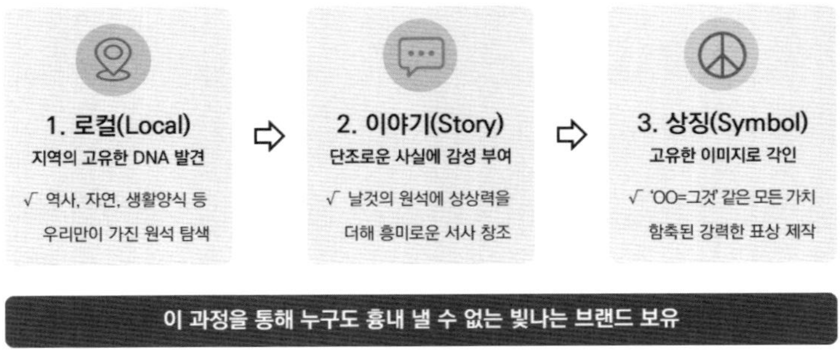

둘째, 지역명에 얽매이지 말고 그곳만의 고유한 이야기로 세상과 소통해야 한다. 강력한 브랜드는 이름보다 스토리로 기억된다. 이야기는 단조로운 사실에 감성과 의미를 불어넣어 단순한 '공간(space)'을 기억하고 싶은 '장소(place)'로 바꾸는 힘을 가졌다. 흥미롭게도 성공적인 로컬 브랜드 중에는 지역명이 전면에 드러나지 않는 경우가 많다. 덴마크의 '휘게(Hygge)'가 대표적이다. '아늑하고 편안한 상태'를 의미하는 이 단어는 덴마크라는 국가명이 없어도 전 세계 사람들에게 덴마크의 라이프스타일과 철학을 떠올리게 하는 가장 강력한 브랜드가 되었다. 이는 브랜드 네임에 지역명을 넣는 것보다 지역의 고유한 가치와 이야기를 하나의 콘셉트로 만드는 것이 훨씬 효과적일 수 있음을 보여 준다. 우리 지역의 설화나 역사적 사건은 물론, 제주 해녀의 삶처럼 치열하고 아름다운 생활문화 자체도 훌륭한 이야기의 소재다. 날것의 자산에 상상력을 더해 한 편의 영화처럼 흥미로운 서사로 생명력을 불어넣을 때, 사람들은 그 이야기에 매료되어 기꺼이 우리 지역의 장소를 찾아온다.

셋째, 사람들의 뇌리에 각인될 고유한 '상징(symbol)'을 만들자. 잘 짜인 이야기는 사람들의 머릿속에 오래 기억될 하나의 강력한 이미지, 즉 상징으로 응축되어야 한다. 상징은 브랜드의 모든 가치를 함축하여 소비자에게 가장 빠르고 효과적으로 전달하는 인지적 지름길이다. 뉴욕의 'I♥NY' 로고처럼 시각적 아이콘일 수도 있고, 안동 하회탈의 해학적 미소처럼 지역의 정신을 담은 표정일 수도 있으며, 순천만의 S자 물길처럼 그 지역의 정수를 보여 주는 풍경 그 자체이거나 강릉의 커피 향처럼 후각적 경험일 수도 있다. 성공하는 지역관광 브랜딩의 핵심은 'OO 하면 떠오르는 것', 즉 독점적 연상을 만들어 내는 데 있다.

지역관광의 경쟁력은 최신 시설을 짓는 데서 나오는 것이 아니다. '로컬'이 잠재력을 품은 원석이라면, '이야기'는 그것을 제련하여 가치를 끌어내는 용광로이며, '상징'은 세상의 찬사를 받는 빛나는 보석과 같다. 지역의 본질(local)을 깊이 탐색하고, 이를 설득력 있는 이야기(story)로 엮어 내며, 강력한 상징(symbol)으로 각인시킨 지역만의 스타일이 완성될 때 누구도 흉내 낼 수 없는 경쟁력과 타 지역보다 우월하게 앞선 출발점에 서게 된다. 전국 243개 지방자치단체가 저마다 다른 얼굴과 매력을 뽐내는 목적지로 거듭날 때, 대한민국 전체는 더욱 풍요로운 여행지이자 관광 목적지가 될 것이다.

정체성은 인문과 자연, 문화 등 다양한 유산 속에 잠들어 있지만 그것을 찾아내어 새로운 생명력을 불어넣는 것은 사람의 상상력이다. 지역의 고유한 '게니우스 로키(Genius Loci)'[2]를 발굴하고 매력적인 브랜드로 가꾸는 주체는 결국 '사람'이다. 여기서 사람은 단순히 지역에 거주하는 주민만을 의미하지 않는다. 현대의 가치와 철학을 반영해 지역의 유산을 새로운 시각으로 재해석하여 매력적인 콘텐츠로 만들어 내는 '로컬 크리에이터(local creators)'와 이들이 마음껏 상상력을 펼칠 수 있도록 판을 깔고 지속가능한 생태계를 조성해 주는 '열린 공무원'도 포함된다. 특히 이 두 주체는 지역의 정체성을 만들어 내는 핵심 축이므로 이들이 어떻게 관계 맺고 협력하는가에 지역의 미래가 달려 있다.

오늘날까지도 지역의 수많은 관광 현장은 여전히 행정이 주도하는 낡은 관습에서 벗어나지 못하고 있다. "지역을 발전시킨다", "지역 경제를 활성화한다"는 명분 아래 행정이 직접 기획하고 계획을 수립하며, 용역을 발주해 위탁 기관을 선정하는 일련의 과정은 수십 년간 이어져 온 기계적인 관행이다. 이는 행정 편의주의와 관료주의적 관성이 낳은 대표

2 라틴어로 '장소의 수호신' 또는 '장소의 정신(spirit of the place)'을 의미한다. 고대 로마에서 각 장소에 깃든 신령이나 수호신을 가리키는 종교적 개념이었지만 현대에는 건축, 조경, 관광 등 다양한 분야에서 그 장소만의 고유한 이야기와 특성을 존중하고 반영한 설계나 콘텐츠 개발을 의미하며, 지역의 맥락과 정체성을 살리는 접근 방식으로 활용되고 있다.

적인 문제다. 이러한 하향식(top-down) 구조는 필연적으로 '주인-대리인 문제(principal-agent problem)'[3]를 야기한다(Jensen and Meckling, 1976). 사업 발주기관인 행정(주인)과 이를 위탁받아 수행하는 지역사회나 민간 기업 등 다양한 주체들(대리인) 사이에 목표와 정보의 비대칭이 발생하면서 행정은 불신을 기반으로 한 과도한 '관여'와 '통제'에 나서게 된다. 결과적으로 현장의 자율성과 창의성은 제한되고, 사업은 예산을 소진하기 위한 단기 과제로 전락하기 일쑤다. 사업 수행 주체 역시 혁신적인 시도보다는 행정의 입맛에 맞는 무난한 결과를 만드는 데 급급해지고, 결국 지역의 진짜 매력을 담지 못한 채 공허한 구호에 그치고 마는 경우가 비일비재하다. 사업 기간이 종료되면 대부분 원점으로 돌아가는 악순환이 반복되는 이유다.

그렇다면 행정은 어떻게 변해야 하는가? 물론 공공 예산이 투입되는 만큼, 모든 것을 내려놓고 '눈을 감고 있으라'는 것은 아니다. 책임과 역할은 분명 존재한다. 다만 그 무게 중심을 근본적으로 옮겨야 한다. 일일이 간섭하고 지시하는 '감독자(controller)'에서 민간의 창의성이 만개하도록 돕는 '조력자(facilitator)', '촉진자(enabler)'로의 대전환이 필요하다.

3 1976년 하버드 경영 대학원의 마이클 젠슨(Michael C. Jensen)과 로체스터 대학교의 윌리엄 멕클링(William Meckling)에 의해 처음 제기되었다. 주인-대리인 문제는 업무를 위임한 주인과 이를 수행하는 대리인 간의 이해관계가 일치하지 않고, 정보의 비대칭으로 인해 대리인이 주인의 이익보다 자신의 이익을 우선시할 때 발생하는 문제를 의미한다.

이는 주인공을 독차지했던 행정이 무대 중앙에서 내려와 다양한 배우들이 맘껏 춤출 수 있는 '플랫폼(platform)'을 설계하고 운영하는 역할로 바뀌어야 함을 의미한다. 좋은 생각은 통제가 아닌 자유로운 환경에서, 그리고 지시가 아닌 신뢰 속에서 탄생한다. 행정은 로컬 크리에이터들이, 도시에서 이주해 온 청년과 다양한 계층이 지역에서 안정적으로 활동할 수 있는 물리적·제도적 인프라를 구축하고, 흩어져 있는 개인들을 연결해 시너지를 낼 수 있도록 네트워크를 지원하며, 사업에 필요한 데이터와 정보를 투명하게 공개해야 한다.

특히 주목해야 할 것은 '중간지원조직'의 활용이다. 행정이 수많은 민간 주체들과 개별적으로 소통하는 것은 현실적으로 어렵다. 그래서 관광재단, 문화재단과 같은 중간지원조직이 행정과 민간 사이의 가교 역할을 하며 현장의 생생한 목소리를 정책 언어로 전달하고, 정부의 지원 정책이 현장에 효과적으로 뿌리내리도록 돕고 있다. 성공적인 지역관광의 이면에는 이처럼 수평적인 거버넌스 안에서 유기적으로 소통하고 협력해 온 행정과 주민, 그리고 이들을 잇는 건강한 중간 조직이 반드시 존재한다.

이처럼 행정이 과감한 변화를 추구해야 하는 것은 그로 인해 얻게 되는 편익이 상상 이상으로 크기 때문이다. 관광을 통해 지역이 활력을 되찾게 되면 역외 자본이 유입되고, 서비스는 고도화되며, 일자리 창출과 세수 증대를 거쳐 궁극적으로 생활인구 유입과 정주인구 증가와 같은

선순환 구조가 만들어지게 된다. 잘 만들어진 지역의 정체성은 외부로부터 방문객을 불러들이게 되고, 이들이 지역에 머물며 지출하는 비용이 커지면서 침체되었던 지역상권 전반에 활기가 생겨난다. 새로운 수요에 부응하기 위해 지역의 서비스업은 스스로 품질을 높일 뿐만 아니라 민간투자가 발생하게 된다. 이 과정에서 레스토랑, 숙박, 문화 콘텐츠 등 다양한 분야의 일자리가 생겨나는 등 민간의 경제활동이 활발해지고, 지방세 수입 증대에 따라 확보된 재원은 다시 지역의 낙후된 인프라를 개선하고 공공 서비스의 질을 높이는 데 재투자되어 지역 전체의 환경을 한 단계 끌어올리는 동력이 된다.

이주자와 매칭이 가능한 일자리와 향상된 생활환경은 단순한 관광객 유치를 넘어 지역과 꾸준히 관계를 맺는 인구를 형성하고, 나아가 해당 지역에 체류하며 살아가는 '생활인구'를 유인하는 강력한 요인이 된다. 더 나아가 일터와 주거지를 한곳에 두는 직주(職住) 일치 인구가 늘어나면서 자연스럽게 지역의 인구 감소세를 늦추거나 정주 인구의 증가로까지 이어질 수 있는 동력을 얻게 된다. 결국 관광의 측면에서 지역의 정체성을 바로 세워야 하는 이유는 그것이 단순히 방문객 숫자를 늘리는 차원의 문제가 아니라 지역 경제를 살리고, 일자리를 만들며, 주민들의 삶의 질을 높여 궁극적으로는 지역의 지속가능성을 담보하는 강력한 성장 전략의 핵심 열쇠이기 때문이다.

지역 활성화와 정체성 구축의 논의는 결국 하나의 질문으로 연결된다. '어떻게 사람을 찾아오게 하고, 머물게 할 것인가?' 그 해답의 핵심에는 주민과 방문객 모두를 끌어당기는 힘, '문화 자본(cultural capital)'[4]이 있다(Bourdieu, 1986).

전국의 많은 지자체는 '살기 좋은 환경'을 구호로 내건다. 아름다운 자연과 공동체적 가치를 강조하지만 현실에서는 왜 젊은 세대의 '탈출'이 멈추지 않는 것일까? 지역을 다니다 보면 청소년과 청년들의 활기가

4 프랑스 사회학자 피에르 부르디외(Pierre Bourdieu)가 1986년 처음 제시한 이 개념은 단순한 예술 향유 능력을 넘어 사회적 지위를 형성하고 개인의 정체성을 구성하는 주요 자산으로 의미되었지만 오늘날에는 한 지역이 가진 문화적 품격과 매력의 총량을 의미하는 용어로 확장되었다.

느껴지는 곳과 그렇지 않은 곳 사이에는 분명한 차이가 존재한다. 그것은 바로 문화 자본의 유무 또는 많고 적음에서 비롯된다. 현재 젊은 세대는 소셜 미디어를 통해 전 세계의 세련된 라이프 스타일을 실시간으로 간접 체험하며 자신만의 확고한 '취향'을 구축한다. 이들에게 문화는 더 이상 특별한 날에 즐기는 이벤트가 아니라 일상 속에서 자신의 정체성을 표현하는 중요한 수단이다. 그러나 지역이, 특히 농어촌의 현실이 이러한 욕구를 만족시켜 주지 못할 때 젊은 세대는 '문화적 소외감'과 '취향 불일치'를 경험하게 된다. 결국 취향을 충족시키고 문화 자본을 향유할 수 있는 도시로의 이주는 피할 수 없는 현상이 되고 있다. 단순히 일자리의 문제를 넘어 삶의 질과 정체성 실현의 문제와 직결되고 있는 것이다.

그렇다면 지역을 찾아오는 젊은 여행객과 이미 높은 수준의 문화적 경험을 축적한 도시민, 그리고 지역에 살고 싶어 하는 관계인구나 생활인구를 붙잡기 위해 무엇을 해야 할까? 해답은 명확하다. 지역 역시 매력적인 문화 자본을 갖추어야 하는 것이다. 물론 도시와 같은 규모와 물량으로 경쟁하는 것은 불가능하며, 그래서도 안 된다. 대형 쇼핑몰이나 멀티플렉스 영화관을 짓는 것이 해법이 될 수는 없다. 지역과 농어촌이 추구해야 할 길은 어설픈 모방이 아니라 지역의 고유성(localism)을 자양분으로 삼아 수도권과 도시에서는 결코 경험할 수 없는 '독특한 문화 자본'을 구축하는 것이다.

레이 올든버그 '제3의 공간(The Third Place)'

관광지는 보는 곳이 아니라 머무르고, 대화하고, 연결되는 **제3의 공간**

도시 모방은 그만 … 우리 지역만의 공간 창조로 여행자 유인

이는 건축가 레이 올든버그(Ray Oldenburg)가 말한 '제3의 공간(the third place)'의 개념과도 맞닿아 있다. 집과 직장을 벗어나 사람들이 자발적으로 모여 교류하는 카페, 서점, 갤러리, 커뮤니티 공간 등을 지역의 정체성을 담아 조성하는 전략이다(Oldenburg, 1989). 예를 들어, 낡은 정미소를 개조한 로스터리 카페, 폐교를 활용한 북스테이, 마을의 특산물을 활용한 파인 다이닝 레스토랑, 빈 창고를 개조한 수제 맥주 양조장 등은 세계적인 트렌드를 따르면서도 그 지역만의 고유한 스토리가 결합

된 '글로컬'한 문화 자본의 훌륭한 사례다. 이러한 공간들은 주민에게는 일상의 자부심과 사랑방이 되고, 방문객에게는 그곳을 찾아야만 하는 강력한 목적지가 된다.

이러한 전략적 방향성을 보여 주는 사례가 전라남도 영암군의 '가보고 싶은 영암' 프로젝트다. 군은 2026년 예정인 광주-완도 고속도로 1구간 개통을 리브랜딩(rebranding)의 전환점으로 삼기 위해 다양한 문화관광정책을 추진하고 있다. 이 중 영암읍에 방치되던 정부양곡창고를 리모델링하여 문화와 젊음의 공간으로 탈바꿈하는 대동공장 복합문화예술공간 조성사업이 주목받고 있다. 지역 문화예술인들의 창작, 체험, 교육, 판매 등을 위한 '문화예술창작 직업공간', 수제맥주, 막걸리, 베이커리, 떡 등 '지역 특산물 체험장', 지역의 문화 콘텐츠를 활용한 '아카이브' 구축, 실감 콘텐츠 등 '관광체험시설' 등을 조성하여 2026년 개관할 계획이며, 이에 앞서 이곳에서 록 밴드 공연, 영화제 등 청년들이 기획하고 실행하는 문화 행사를 잇따라 개최하고 있다. 이외에도 '남도음식거리 조성', '농촌체류쉼터 활성화', '워케이션 센터 조성' 등을 통해 생활인구 50만 명을 확보한다는 목표를 설정하고 읍권뿐만 아니라 군 전체를 미래 농촌의 비전과 영감을 제시하는 복합문화공간으로 탈바꿈시키는 도전에 나섰다.

이 프로젝트의 핵심은 '농촌스러움'이라는 낡은 고정관념을 벗어던지고, 도시와 농촌의 경계를 허무는 새로운 라이프 스타일을 제안하는 데 있다. 낡은 공간의 역사성은 보존하되 그 안을 채우는 콘텐츠는 가장 현대적이고 세련된 감각을 지향한다. 특히 광주-완도 고속도로 1구간의 종착점인 영암군 덕진면 영보리에 세워지는 인터체인지로 인해 배후 도시인 광주광역시와의 거리가 현재 1시간대에서 20분대로 좁혀지면서 슬리퍼를 신고 오고 갈 수 있는 '슬세권'[5]으로서 광역 방문객을 유인하는 데 유리한 조건을 갖추게 된다. 이에 따라 군은 영암을 방문객과 주민의 참여를 통해 끊임없이 진화하고 새로운 가치를 생성하는 '생성의 장소(becoming place)'로 만들기 위해 하드웨어 구축 중심의 낡은 패러다임에서 벗어나 소프트웨어와 휴먼웨어 중심으로 지역 활성화의 축을 이동시키고 있다.

영암군처럼 농어촌에 문화 자본을 갖추는 것은 단순한 편의시설 확충을 의미하지 않는다. 그것은 지역의 정체성을 지키면서도 동시대의 젊은 세대와 소통하고, 주민들의 문화적 권리를 보장하며, 새로운 창업 생태계의 씨앗을 뿌리는 가장 근본적인 투자다. 도시가 줄 수 없는 독특한 문화적 경험을 제공할 때 비로소 농어촌은 소멸의 공간에서 새로운 기회의 땅으로 재탄생할 수 있을 것이다.

오늘날 다수의 지역관광이 어려움을 겪는 이유는 '차별성의 부재' 때

5 '슬리퍼'와 '세권(勢圈)'의 합성어로, 슬리퍼 차림과 같은 편한 복장으로 각종 편의시설을 이용할 수 있는 주거 권역을 의미한다. 정부는 2023년 국민이 거주지 인근에서 문화를 향유하도록 지원하는 '15분 문화 슬세권' 조성 계획을 발표했다.

문이다. 반대로 여행자들의 발길이 끊이지 않는 성공적인 목적지들은 한결같이 다른 누구도 흉내 낼 수 없는 고유의 정체성을 가지고 있다. 여행자들에게 "왜 이곳에 와야만 하는가?"라는 질문에 대한 명확한 답, 즉 선택할 수밖에 없는 '여행 동기'를 제공하고 있다. 정체성은 단순한 구호나 흔한 상징성이 아니라 방문객의 마음을 움직이는 가장 강력한 가치의 경험을 제안하는 것이다.

그렇다면 어떻게 정체성을 만들 것인가? 바로 이 지점에서 우리는 로컬리즘에 주목해야 한다. 로컬리즘은 243개 지방자치단체에 243개의 다른 정체성을 부여하고, 여행자들에게는 그만큼의 다채롭고 행복한 선택지를 제공할 수 있는 확실한 방법론이다. 이는 마치 삼성전자와 같은 세계 초일류 기업이 경쟁자들의 추격을 허용하지 않을 만큼 기술과 품

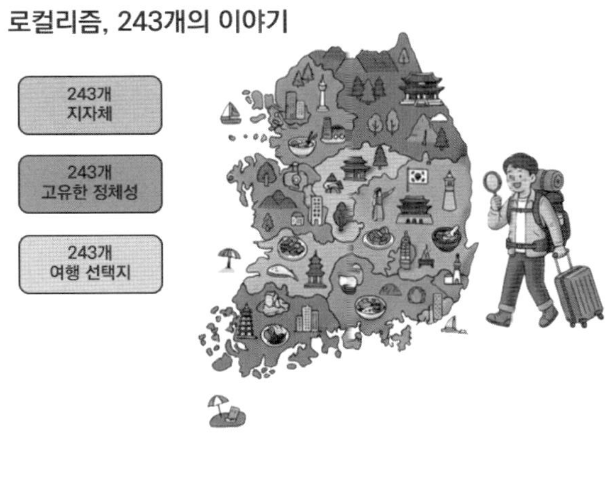

질, 디자인을 압도해 버리는 '초격차(超格差) 전략'과 같다.[6] 지역관광에서의 초격차는 막대한 자본이나 거대한 시설이 아니다. 그것은 바로 그 지역만이 가질 수 있는 '대체 불가능한 정체성' 그 자체다.

따라서 지역관광이 성공하기 위한 전략의 첫 번째 단추는 '우리다움'의 창조다. 눈에 띄는 정체성이 없다면 지역의 숨겨진 자원과 이야기 속에서 새롭게 창조해야 한다. 다른 지역과 비슷하다면 우리만의 시각으로 재해석해서 누구도 따라 할 수 없는 독창적인 가치를 만들어 내야 한다. 이는 '레드 오션(red ocean)'에서 벗어나 새로운 시장을 창출하는 '블루 오션(blue ocean)' 전략과도 일맥상통한다.

로컬리즘은 소멸의 위기 앞에 선 대한민국의 지방이 선택할 수 있는 가장 희망적인 카드다. 획일화된 개발 논리의 사슬을 끊고 지역 스스로 자신만의 빛나는 정체성을 찾을 때 생존과 지속가능한 미래가 열리게 된다.

6 권오현 전 삼성전자 회장의 저서 『초격차』(2018)를 통해 대중화된 경영전략 용어다. 기술뿐만 아니라 조직, 시스템, 인재 배치, 문화 등 모든 부문에서 경쟁자가 따라올 수 없는 격차를 만들어 시장을 지배하는 전략을 말한다.

2. 경계를 넘어 함께, 더 큰 판 열기

지역관광의 성공은 개별 단위의 경쟁력을 넘어 부서·부문·지역 간 경계를 허무는 창의적 상상력과 긴밀한 협력에 달려 있다. 지자체마다 내놓는 다양한 관광정책이 고유사무와 예산, 법규의 창조적 조합에 의해 탄생된 것이라면 이제는 행정구역 넘어 이웃 지자체와의 연대로 확장해야 하는 패러다임 전환의 시점이다.

중앙정부 주도의 관치(官治) 개발 시대부터 뿌리내린 특정 지구와 거점, 도시 중심의 정책 개발은 단기적인 성과를 내는 데 기여했지만 그 과정에서 정책적 수혜를 받지 못한 지역에는 소외와 불균형이라는 그늘을 남겼다. 이는 한정된 자원을 둘러싼 갈등을 유발하며 지역 전체의 관광 매력도를 저해하는 요인으로 작용했을 뿐만 아니라 경계를 넘어서 이웃한 지자체들 간의 소모적 경쟁을 유발시켜 결국 권역 전체의 관광 매력도를 잠식시키는 결과를 낳기도 했다.

따라서 우리 지역을 넘어 인접한 지역과 더불어서 관광으로 성장하는 광역관광경제권 생태계를 구축하기 위해서는 '융복합'과 '연대'라는 두 축을 기반으로 정책의 판을 새롭게 짜야 한다. 관광의 외연을 확장하는 융복합적 시도와 지역과 지역을 잇는 관광 루트 및 콘텐츠 개발, 공동정책사업을 기획하는 광역적 접근을 통해 시너지를 창출하는 전략적 접근이 필요하다.

관광의 융복합은 이종 산업 간의 화학적 융합을 통해 이전에는 없던 새로운 가치와 경험을 창출하는 것이 핵심이다. 보고, 먹고, 즐기고라는 전통적 '3GO' 범주에서 탈피해 한 지역이 가진 모든 자산이 관광 콘텐츠가 될 수 있다는 무한한 가능성의 측면에서 관광을 새롭게 해석해 보는 것이다. 이미 우리는 다양한 융복합 관광을 활발히 시도해 왔다. 의료관광은 한국의 선진 의료기술과 인프라를 관광과 결합한 대표적인 고부가가치 분야다. 건강검진, 미용성형, 한방 치료 등의 목적으로 방한한 외국인들이 국내에 체류하는 동안 쇼핑, 문화 체험, 웰니스 프로그램과 같은 다채로운 체험 활동을 하도록 연계시키고 있다.

스포츠 관광 역시 프로 스포츠 팬덤을 활용한 원정경기 관람, 아마추어 선수들을 위한 전지훈련 유치, 아름다운 자연 속에서 즐기는 트레일러닝(trail running) 등 참여형 관광으로 진화하고 있다. 예술 관광은 광주비엔날레, 부산 국제영화제처럼 도시 전체를 거대한 갤러리와 상영관으로 만들어 지역의 브랜드 가치를 올리는 역할을 했으며, 음식 관광은 전주 비빔밥, 강릉 커피거리처럼 특정 음식을 매개로 도시의 정체성을 상징하는 강력한 기제로 작용했다. 최근에는 미식과 여행을 결합한 전문 투어상품이 인기를 끌고 있다. 또한, 증강 현실(AR)로 돈의문(서대문)을 복원하거나 메타버스 플랫폼에서 경복궁을 체험하는 디지털 관광에 이르기까지 융복합의 스펙트럼은 전방위로 확장되고 있다.

미래의 융복합 시도는 기술과 인간 심리에 대한 깊은 이해를 바탕으로 더욱 과감하고 창의적이며, 개인화된 형태로 나타날 것이다. 범용화된 인공지능(AI)과 개인의 생체 데이터가 결합되면 공상과학 영화에서 보던 '초개인화 예측형 웰니스 관광'이 가능해질 것이다. 스마트 워치를 통한 스트레스 지수, 수면 패턴 등 개인의 건강 데이터와 각종 유전 정보, 심리 상태를 인공지능이 실시간으로 분석하여 사용자에게 최적화된 맞춤 여행을 처방하는 방식이다.

예를 들어 사용자가 번아웃 증후군(burnout syndrome)[7]을 겪고 있다면, 인공지능은 개인의 생체 데이터를 분석하여 "3일간의 '디지털 디톡스'[8]와 '사운드 배싱(sound bathing)'[9] 요법이 필요합니다. 이를 위해 청정 해풍과 미네랄이 풍부한 해수, 해조류, 갯벌 등 천연 해양자원이 집약된 전라남도 완도군 해양치유센터와 연계한 맞춤형 프로그램을 제안합니다"라고 정밀한 솔루션을 제공한다. 이는 여행자가 취향에 맞는 여행 상

7 1974년 심리학자 허버트 프로이덴버거(Herbert Freudenberger)가 처음 개념화했으며, 과도한 업무 스트레스나 감정적 소진으로 인해 심신이 탈진하고, 일에 대한 흥미와 효능감이 급격히 저하되는 상태를 나타낸다.

8 스마트폰, 컴퓨터, 태블릿, 소셜 미디어 등 디지털 기기와 온라인 서비스의 사용을 일정 기간 중단하거나 최소화하여 심리적 안정과 삶의 균형을 회복하려는 행동이나 프로그램이다.

9 다양한 소리, 특히 티베탄 싱잉볼, 크리스탈볼, 차임, 공(Gong) 등으로 생성된 진동과 주파수를 통해 몸과 마음을 이완시키는 명상적 힐링 기법을 가리킨다. 소리의 파동이 뇌파를 안정시키고 스트레스를 해소하며, 깊은 명상 상태에 이르게 하는 효과가 있다고 알려져 있다.

품을 스스로 찾아서 선택하는 현재보다 고차원적인 방식으로 관광이 개인 맞춤형 치유 솔루션으로 진화할 수 있음을 의미한다. 이를 실현하기 위해서 현재 인공지능 기반 추천 시스템, 빅데이터 분석, 사물 인터넷(IoT) 기술, 초개인화 마케팅, 예방의학 등 다양한 분야의 융복합이 시도되고 있다.

도시재생관광과 관계인구를 결합한다고 가정할 경우 지역소멸 위기와 맞물려 새로운 사회적 가치를 창출하는 실행 모델로서 '지식·기술 교환형 거주 프로그램'을 시도하면 어떨가? 도시의 은퇴한 전문가나 디지털 노마드를 초청하여 장기간 지역에 머물게 하면서 그들의 전문 분야인 마케팅, 디자인, IT 기술 등을 지역 소상공인들에게 전수토록 하는 대신 숙소와 생활 편의, 그리고 지역민과의 깊이 있는 교류를 대가로 제공하는 것이다. '여행자의 재능'과 '지역의 필요'가 상생하여 여행자는 진정한 관계를 구축하는 새로운 형태의 융복합 관광을, 여행 목적지는 여행자로 인해 더 나은 상태가 되는 것을 목표로 한다. 이처럼 미래의 융복합 관광은 인공지능, 빅데이터 등 첨단 기술을 매개로 개인의 내면과 깊이 연결되고, 지역사회의 문제 해결에 적극 참여하는 방향으로 진화할 것이다.

이 같은 사례는 가까운 미래에 실현될 다양한 융복합 관광 모델의 극히 일부분일 뿐이다. 그러나 혁신적인 융복합 관광 콘텐츠가 개발되어도 지자체의 경계 안에서만 머문다면 파급효과는 제한될 수밖에 없다.

융복합 미래 관광 : 새로운 가치와 경험 창출

초개인화 맞춤형 치유 솔루션

【 여행자 증상 】

과도한 스트레스와 번아웃(Burnout)으로 심신 탈진 상태

⇩

【 AI 분석 】

스마트 워치 AI가 사용자 생체 데이터 분석 후 가장 완벽한 치유 솔루션 제안

【 AI 맞춤 처방전 】

- 3일간의 디지털 디톡스(Digital Detox) 및 사운드 배싱(Sound Bathing) 요법 제시
- 전라남도 완도해양치유센터와 연계한 맞춤형 프로그램 제안

지식·기술 교환형 거주 프로그램

【 참여 대상 】

도시 은퇴 전문가, 디지털 노마드, 크리에이터

⇩

【 참여 방식 】

- 장기 체류하며 전문 지식·기술 전수
- 지역 주민과 협력 프로젝트 수행

【 제공 혜택 】

- 숙소 및 생활편의 지원
- 지역민과 교류 및 커뮤니티 참여

【 기대 효과 】

- 지역역량 강화 및 신규사업 창출
- 여행자와 지역 간 상생모델 구축
- 관계인구 및 생활인구 증대

그래서 연대해야 한다. 연대는 비슷하지만 독립적으로 실행되는 개별 정책과 자원을 연결하여 시너지를 창출하는 구체적인 실천 방법론이다.

가장 기본적인 연대는 행정의 내부, 즉 지방자치단체 부서 간의 협력에서 출발한다. 관광은 관광과만의 전유물이 아니다. 관광객의 접근성은 광역·지방도로 노선, 대중교통계획 등과 직결되며, 관광지 조성은 도시계획, 건축과, 토목과, 교통과, 공원녹지과 등과 연계된다. 생태 관광, 마을 관광, 농촌 관광, 골목 관광 등 주민들의 삶과 가까운 다양한 관광정책도 여러 부서의 사무와 중첩되어 추진되며, 관광객들의 소비를 유인하는 콘텐츠는 지역의 고유한 문화를 보존하고 계승하는 문화예술 부서의 지원이 뒤따라야 한다. 그러나 현실은 부서 칸막이, 성과주의 등 관습적이고 습관화된 공직사회 문화에 따른 마찰과 갈등, 그리고 회피와 무관심이 존재하고 있고, 이에 따라 비효율이 초래되는 경우가 많다.

이를 극복하기 위해서는 행정조직과 인력을 효율적으로 동원하는 협업 체계를 구축해야 한다. 자치단체장 또는 부단체장이 주재하고, 앞서 언급했던 것처럼 관광과 관련된 분야의 부서장들이 모두 참여하여 유기적으로 협력하는 회의체를 상설화 및 정례화하여 지역 발전의 공동 목표를 설정해야 한다. 이러한 협업체계 구축은 지역관광을 성공으로 이끄는 가장 단단한 초석이다.

행정 내부의 협업 문화가 내실을 다지는 것이라면 외부로는 다양한 부문과의 연대를 강화해야 한다. 공무원 조직은 순환 보직으로 전문성이 다소 결여된다는 것은 주지의 사실이다. 그렇기 때문에 행정과 민간을 연계하는 중간 조직, 민간 기업, 학계, 주민 조직, 행정이 유기적으로 연대하고 협력하는 문화가 지역에 뿌리내릴 때 비소로 지역관광은 성공으로 가는 티켓을 거머쥘 수 있게 된다. 이러한 연대와 협력의 생태계를

지역관광 컨트롤 타워 DMO 운영 목적

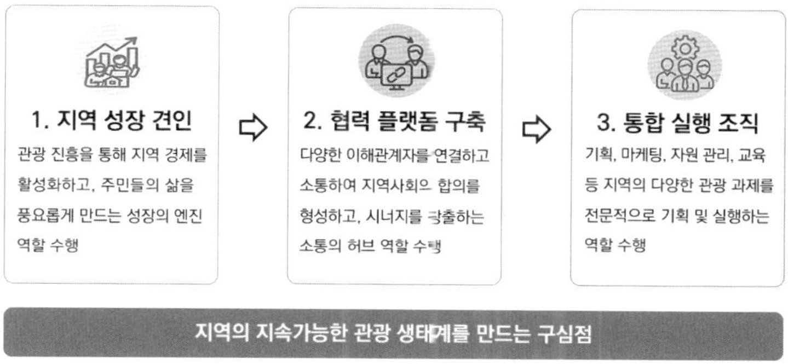

만들어 나가는 데 구심점 역할을 하는 것이 지역의 관광재단 또는 문화관광재단으로 불리는 DMO다. DMO는 지역관광의 선순환 구조를 확립하기 위해 지역관광 거버넌스를 운영할 수 있는 플랫폼 역할 수행과 전문성을 토대로 지역관광을 기획 및 실행, 지역 주민의 참여 확대와 지원 역할을 수행하는 중간 조직이다.

DMO를 운영하는 목적은 첫째, 지역관광의 진흥을 통해 지역 경제 활성화에 기여하고, 관광객 수요에 부응하는 동시에 지역 주민의 삶이 풍부해질 수 있도록 관리하는 데 있다. 관광객을 지역으로 불러들이고, 동시에 지역의 경제적·사회적 윤택함을 달성하는 것을 목표로 한다. 둘째, 지역관광 플랫폼으로서 지역관광 정책과 실행에 대한 지역사회의 합의 형성과 창조적 관광사업 추진을 위한 이해관계자 간 협력체계 구축이다. 지역관광을 추진하면 다양한 분야에서 합의와 협력을 이끌어 내야 하기 때문에 이해관계자들과 긴밀히 연계하고 소통하며 합의를 도출해 내는 플랫폼이 필요하다. 이와 함께 지역관광과 관련 있는 다양한 주체들의 시너지가 발생하도록 프로젝트형 모임을 만들어 내고 운영하는 것도 DMO의 역할이다. 셋째, 관광사업 기획 및 계획, 관광 홍보 마케팅, 관광자원 관리, 관광산업 지원, 관광 품질관리, 교육 및 훈련, 관광 시설 관리, 수익 사업 등 관광 플랫폼으로서 다루어야 할 다양한 지역 과제 및 의제를 실행하게 된다.

행정이 중간 조직인 DMO를 출범시키는 것은 관광의 전문성을 보완하고 전문 집단의 마케팅과 관광자원의 효율적인 관리와 개발로 지역관광 진흥을 통해 지속가능한 성장을 도모하기 위해서다. 코로나 이후 국내뿐 아니라 방한 외국인 관광객의 여행 행태는 단체 여행에서 개별 여행으로 전환되었고, 이에 따라 지역의 '고유성'을 느낄 수 있는 관광에 대한 수요가 지속적으로 높아지고 있다. 이러한 변화에 걸맞게 지역의 역량을 강화함으로써 선순환형 관광 전략을 추진해야 할 뿐만 아니라 중앙정부 시각이 아닌 지역의 상황에 맞춰 관광 콘텐츠 개발에 집중하거나 컨벤션과 이벤트 유치 및 개최를 통한 지역 마케팅에 주력하기 위해서 DMO가 속속 출범하고 있다. 특히 중앙정부가 관광 관련예산을 단년도, 일회성 지원에서 포괄 보조금 형식으로 지원하고 있기 때문에 지역 스스로 최적화된 관광 계획을 수립할 수 있는 기획력 및 주체의 역량 강화가 중요해졌다. 결국 행정의 안정성과 민간의 창의성, 학계의 전문성, 주민의 진정성이 하나로 모여서 시너지 효과를 극대화할 수 있는 DMO의 활성화와 연대는 성공적인 지역관광을 위한 가장 효과적인 모델이다.

그러나 DMO의 설립과 운영 과정을 들여다보면 전국에서 공통적으로 발견되는 고질적인 문제가 있다. 지역관광 진흥이라는 본래의 목적에 맞는 전문성을 갖춰야 함에도 지역 내 영향력이나 선출직 단체장과의 정치적 관계가 우선시되는 정실 인사의 관행이다. 또 다른 하나는 지방자치단체가 DMO를 파트너십 기반의 협력 기구로 인식하기보다는 단기간 내에 성과 달성이 어려운 기피 업무를 떠넘기는 하부 실행조직으로 간주하는 태도를 보인다는 것이다. 이는 결과적으로 전문성 저하와 불필요한 마찰 및 갈등을 유발시켜 DMO 본연의 기능 수행에 걸림돌로 작용하고 있다.

따라서 지역관광을 성공시키려면 외부적으로는 지방자치단체와 DMO 간의 연대가 중요하다. 지역에 DMO가 없다면 행정이 민간과 함께 거버넌스를 조직하여 다양한 이해관계자가 참여할 수 있는 토대를 구축해야 한다. 어떠한 방식이든 행정의 안정성과 중간 조직, 그리고 민간의 전문성이 상호 보완적으로 작용해야 관광에서 승수효과가 나타날 수 있다. 결국 '통제'가 아닌 '신뢰'에 기반한 수평적 연대가 지역관광의 새로운 성장 동력을 만들어 낸다는 것을 명심해야 한다.

연대의 궁극적인 목표는 행정구역의 경계를 넘어선 수평적 협력을 통해 관광 영토를 확장하는 데 있다. 특히 상대적으로 자원이 부족한 농어촌 지역일수록 인접 시·군과의 전략적 연계는 선택이 아닌 필수다. 최근 광역 교통망 확충으로 접근성이 개선되면서 지역 간 물리적·심리적 거리는 획기적으로 좁혀졌다. 따라서 직접 경계를 맞대고 있지 않더라도 배후 거점 대도시와의 연계도 적극적으로 모색해야 한다. 그리고 이제는 개별 지역의 한계를 넘어 관광자원을 유기적으로 결합시켜 공동 브랜드를 창조하고 육성하는 '광역관광경제권'을 구축해야 할 시점이다. 이는 이웃의 강점으로 우리 지역의 약점을 보완하고, 우리 지역의 특색으로 이웃의 부족한 부분을 채우는 상호 보완을 통해 시너지 효과를 발휘하여 규모의 경제를 창출하는 전략이다. 전국의 거점 대도시인 8대 특·광역시도 마찬가지다. 오랜 시간 일상과 문화, 경제활동을 공유해온 이웃 지자체들과 연대할 때 생활·관광권이 확장되고, 단독으로는 만들기 어려운 시너지와 지속가능한 성장 기반을 확보할 수 있다.

전국의 지자체들이 굳이 행정구역을 넘어 연대해야 하는 이유는 데이터가 분명하게 보여 준다. 2024년 기준 '전국 광역지역 방문객 거주지 지표'를 분석해 보면, 관광객들의 이동 패턴은 이미 행정구역의 경계를 허물고 하나의 거대 생활권으로 움직이고 있음을 알 수 있다(한국관광데이터랩, 2025). 실제 전라남도를 찾는 방문객의 거주지를 살펴보면 광주광역시가 42.6%로 압도적인 1위를 차지한다. 경상북도 역시 방문객의

2024년 지역별 관광 방문자 거주지 분포 (단위: %)

지역 \ 거주지	서울	부산	대구	인천	광주	대전	울산	세종	경기	강원	충북	충남	전북	전남	경북	경남	제주
서울	-	1.8	1.4	9.5	1.1	1.8	0.6	0.8	66.9	3.2	2.2	3.0	1.6	1.4	1.9	1.7	1.2
부산	10.9	-	5.6	2.0	1.3	1.7	9.6	0.5	11.5	1.3	1.5	1.9	1.4	2.4	7.1	39.8	1.4
대구	8.5	5.3	-	1.6	0.7	1.8	3.2	0.5	10.7	1.5	2.0	1.9	1.0	1.0	51.1	9.2	0.8
인천	29.1	1.2	1.0	-	1.0	1.4	0.4	0.5	51.0	2.4	2.0	3.7	1.6	1.3	1.5	1.2	0.8
광주	10.0	1.5	1.1	2.2	-	1.8	0.5	0.7	11.6	0.9	1.3	2.4	9.9	51.5	1.2	2.0	1.4
대전	12.2	1.9	2.3	2.6	1.6	-	0.8	12.7	16.4	1.8	13.2	20.6	5.6	1.7	3.3	2.6	0.6
울산	7.4	29.3	6.4	1.6	0.7	1.3	-	0.4	9.3	1.3	1.5	2.0	1.0	1.7	17.3	18.3	0.7
세종	10.2	1.3	1.4	2.1	1.1	26.4	0.5	-	13.7	1.3	16.8	16.7	3.2	1.3	1.9	1.5	0.5
경기	55.2	1.5	1.3	15.9	1.0	2.0	0.6	0.7	-	4.4	3.7	5.9	1.8	1.5	2.1	1.7	0.8
강원	27.9	1.5	1.9	5.9	0.7	1.9	0.8	0.6	42.7	-	5.4	2.9	0.9	0.7	3.7	1.7	0.5
충북	14.9	2.1	3.1	4.2	1.0	13.4	1.0	5.0	29.8	5.1	-	8.1	2.3	0.7	5.7	2.6	0.7
충남	14.4	1.3	1.5	5.4	1.6	15.3	0.7	4.7	33.0	1.5	6.5	-	7.1	2.3	2.0	1.8	0.6
전북	14.5	2.3	2.1	3.9	11.3	7.5	0.8	1.7	21.6	1.4	3.9	11.6	-	9.8	2.2	4.5	0.9
전남	9.6	3.9	1.7	2.6	42.6	2.0	1.2	0.6	13.0	1.0	1.6	2.9	8.0	-	1.7	5.8	1.2
경북	8.5	8.3	38.1	2.0	0.7	2.3	8.0	0.6	12.6	2.5	3.9	2.5	1.1	0.8	-	7.1	0.5
경남	7.5	40.8	9.5	1.5	1.6	1.9	6.5	0.5	10.0	0.8	1.7	2.4	2.5	4.3	6.9	-	0.8
제주	23.1	6.0	4.4	5.1	3.6	3.2	1.9	1.0	25.6	2.4	3.4	3.7	3.3	4.0	3.8	5.1	-

자료: 한국관광공사 한국관광데이터랩.

절반이 넘는 51.1%가 대구광역시이며, 경상남도 또한 부산광역시 거주자의 방문 비율이 40.8%에 달한다.

반대로 8대 특·광역시는 단순한 관광 매력지를 넘어 인접한 도(道) 지역 주민들의 삶을 지탱하는 '서비스 및 인프라 공급 기지'로서 기능하고 있다. 광주광역시의 경우 방문객의 51.5%가 전라남도 거주자이며, 대구광역시 또한 경상북도 거주자의 방문 비율이 38.1%로 가장 높다. 이는 도내에 광주와 대구를 대체할 대도시가 없기 때문에 발생하는 '빨대 효과'로서 양 도시가 교육·의료·문화·소비 기능을 집중적으로 제공하며 주변 지역 주민들의 일상적 생활권을 실질적으로 이끄는 거점도시 역할을 수행하고 있음을 증명한다.

국토의 중심에 위치한 대전광역시와 세종특별자치시는 행정과 교통의 허브로서 인접한 충청권을 최대 관광시장으로 두고 있다. 대전광역시는 충청권의 상업·교통 요충지로서 충청남도 거주자 방문 비율이 20.6%에 달하며, 세종특별자치시는 행정 수도라는 특수성에 힘입어 대전(26.4%)과 충북(16.8%), 충남(16.7%) 등 충청권 거주자(59.9%)가 전체 방문자의 60%에 육박하는 등 활발한 상호 교류를 보여 준다. 동남권인 부산은 경남 거주자(40.8%)가 압도적으로 많았으며, 울산은 부산(29.3%)과 경남(18.3%) 거주자가 많이 방문하는 등 이웃한 지역끼리의 밀접한 연계성을 보여 주고 있다. 서울과 인천은 국내 최대 인구밀집 지역인 경기도를 배후에 둔 지리적 입지 효과를 톡톡히 누리고 있다는 것을 데이터를 통해 분명하게 확인할 수 있다. 서울을 찾아오는 최다 방문객의 거주지는 경기도(55.2%)이며, 인천 방문객의 51.0% 역시 경기도민이다.

이 수치가 시사하는 바는 명확하다. 지역관광 생태계는 이미 인접한 거점 대도시와 도(道) 지역이 떼려야 뗄 수 없는 '경제적·문화적 공동체'를 형성하고 있다는 사실이다. 즉, 소비자는 이미 광역 단위로 움직이고 있는데, 공급자인 지자체만 행정구역이라는 울타리 안에 갇혀 각자도생(各自圖生)하고 있는 셈이다. 따라서 우리는 개별 지역의 한계를 극복하고 인접 시·군과의 적극적인 자원 연계를 통해 '광역관광경제권'을 공식적으로 구축해야 한다. 이는 이웃의 강점으로 우리 지역의 약점을 보완하고, 우리 지역의 특색으로 이웃의 부족한 부분을 채워 시너지 효과를 발휘함으로써 규모의 경제를 실현하는 전략이다.

따라서 광역도는 물론 시·군은 인접한 거점 광역도시를 지역관광의 '제1의 핵심 시장'으로 재정의해야 한다. 막연한 불특정 다수가 아닌, 물리적으로 가장 가까운 곳에 거주하는 이웃 도시민들을 가장 충성도 높은 고객으로 만들어야 한다는 의미다. 이를 위해서는 거점 광역도시 방문객의 재방문율을 획기적으로 높이고 잠재적 방문자를 유인하기 위한 과감하고 차별화된 우대 정책이 필요하다. 예컨대 타 지역 방문객보다 이들에게 톨게이트 비용을 지원하거나 지역 상품권 페이백 혜택을 강화하는 등 실질적인 유인책을 제공해야 한다. 거리가 가까운 이웃 도시 거주자들은 심리적 장벽이 낮아, 혜택이 주어질 경우 반복적으로 방문할 확률이 타 지역 거주자들보다 월등히 높기 때문이다.

통계는 이미 이런 전략이 옳다는 것을 증명하고 있다. 2024년 한 해 동안 전라남도를 찾은 방문객은 약 6,400만 명으로 집계되었다. 주목할 점은 이 중 42.6%에 달하는 약 2,720만 명이 바로 이웃한 광주광역시민이라는 사실이다. 이는 광주 시민들이 전남 관광의 성패에 막대한 영향을 미치고 있음을 시사한다. 만약 전라남도와 22개 시·군이 이들을 대상으로 집중적인 마케팅과 혜택을 제공하여, 1년에 한 번 오던 사람을 두 번 오게 만든다면 어떻게 될까? 전라남도의 오랜 숙원인 '방문객 1억 명 시대'는 막연한 구호가 아닌 손에 잡히는 현실이 될 것이다. 이는 타 지역도 마찬가지다.

또 관광 시장에서 배후 도시는 거점 광역도시 또는 같은 권역에 국한되지 않을 수 있다. 전북특별자치도 고창군과 순창군의 방문자는 전북 도민에 이어 광주광역시(18.9%, 25.2%)가 각각 두 번째로 높고, 충청·경상·전북 등 5개 광역권과 마주하고 있는 무주군은 대전이 15.5%로 방문자 1위를 기록하고 있다. 경상남도 거창군(20.7%), 창녕군(21.8%), 합천군(26.1%) 등도 권역 밖 거점 광역도시인 대구에서 유입된 방문자가 두 번째로 많고, 경상북도 경주시는 대구(11.8%)보다 오히려 울산(20.2%), 부산(12.4%)의 방문율이 높다. 지리적 위치에 따라 거리가 가까운 다른 권역의 거점 광역도시가 가장 큰 관광 시장으로 기능하는 경우도 많다.

그럼에도 불구하고 여전히 전국의 비수도권 지자체들은 '파랑새'를 좇듯 먼 곳만을 바라보고 있다. 상대적으로 인구 규모가 큰 수도권 거주자들만을 겨냥한 마케팅에 예산을 쏟아붓거나, 좀처럼 찾아오지 않는 외국인 관광객 유치에 열을 올리지만, 실질적인 성과는 미미한 실정이다. 정량적인 목표 수치는 높게 잡혀 있지만, 현실과의 괴리는 크다. 이제는 시선을 돌려야 한다. 광역의 경계를 넘기가 상대적으로 힘든 수도권 인구나 외국인들에게 막연한 기대를 거는 것보다 언제든 차를 몰고 올 준비가 되어 있는 이웃 거점 광역도시의 수백만 시민을 공략하는 것이 훨씬 경제적이고 현실적이다.

특히 농어촌 지역이 관광을 통해 활력을 되찾기를 원한다면 한국인 특유의 여행 정서를 이해해야 한다. 대한민국 국민은 그 어느 나라보다 지방의 소소한 매력과 맛을 찾아 떠나는 '로컬 여행'을 선호한다. 이러한 특성을 고려할 때, 인접한 거점 광역도시는 지방 관광 활성화를 위한 가장 든든한 '배후 기지'이다.

이는 일방적인 관계가 아니다. 광역 도시 역시 역사적 뿌리와 정서를 공유하는 이웃 도(道)의 거주민을 우선적으로 유인해야 한다. 그들이 도시의 인프라를 향유하고 생활 문화를 체험하도록 유도함으로써, 지역 내 소비를 진작시키는 상호 호혜적인 '광역관광경제권'의 선순환을 만들어 내야 할 것이다.

이를 위해 '허브 앤 스포크(Hub-and-Spoke)'[10] 모델처럼 역할 분담을 통해 상호 보완을 이루는 전략이 필수적이다. 일례로 데이터가 보여 주듯 광주와 전남은 사실상 하나의 관광 시장을 형성하고 있다. 이에 광주광역시는 KTX, 공항, 아시아문화전당(ACC) 등 강력한 인프라와 접근성을 바탕으로 여행객을 집결시키는 '허브(Hub)'가 되고, 담양·화순·나주·장성 등 인근의 시·군 지역은 특색 있는 자연·문화·생활 콘텐츠로 차별화된 경험을 제공하는 '스포크(Spoke)'가 되어야 한다. 여행객은 광주라는 베이스캠프에 머물며, 촘촘하게 연결된 교통망을 통해 인근 지역의 매력적인 스팟들을 편리하게 오가는 다채로운 여정을 즐길 수 있다. 반대로 주변 시·군이 허브가 되고 광주광역시가 도시적 엔터테인먼트를 제공하는 하나의 스포크가 될 수도 있다. 중요한 것은 이러한 연대를 통해 권역 전체의 관광 매력도를 극대화하고, 단일 지자체로는 불가능했던 시장의 파이(pie)를 키우는 것이다. 전라남도 강진군·해남군·영암군이 추진 중인 '강해영(강진-해남-영암) 프로젝트'는 공동 관광코스 개발, 통합 마케팅, 연계 숙박시설 운영 등을 통해 이러한 광역관광경제권의 가능성을 보여주는 좋은 사례다.

충청권과 강원, 전북, 제주 등의 광역도 지역은 충남(대전)을 제외하면 거점 광역도시가 없다는 공통된 특징이 있다. 이에 따라 이들 지역은

10 hub는 바퀴의 중심, spoke는 바큇살을 의미한다. 물류 업계에서 많이 사용되는 용어인데 중앙 허브가 여러 개의 분산지와 연결되어 있는 구조로서 관광의 경우 여행자가 먼저 허브에 집결한 후 각각의 스포크로 분배되거나 반대로 스포크에서 허브로 집결하는 모델이다.

수도권에서 유입되는 방문자가 압도적으로 많다. 수도권이라는 거대한 인구 저수지와 인접해 있거나 교통망으로 연결되어 있기 때문에 전남, 영남, 8대 특·광역시와는 다른 차원의 연대 전략이 필요하다. 방문객 거주지 분석 데이터를 보면 이 지역들이 이미 수도권 인구의 여가 소비지로서 기능하고 있음을 알 수 있다. 따라서 중부권의 광역관광경제권은 행정구역의 경계를 지우고 '테마별 수평적 연대'를 통해 관광의 깊이와 넓이를 확장해야 한다.

예를 들어 경기 남부와 충남, 전북은 서해안고속도로를 축으로 연결되어 있다는 특징을 살려 '서해안 오션 드라이브 벨트(Ocean Drive Belt)'를 구축하는 것이다. '서해안권'이라는 단일 정체성 아래 각 지역의 항구, 갯벌, 해수욕장, 생태공원을 잇는 공동 브랜드를 구축하고, 보령의 머드축제를 즐긴 관광객이 서천의 국립생태원을 거쳐 군산의 근대문화거리에서 숙박할 수 있도록 유도하는 릴레이 관광 상품을 개발하면 수도권 관광객에게는 하나의 거대한 '해양 레저 권역'이 생기게 된다. 이러한 지역 간 연대는 여행자에게 선택의 폭을 넓혀 줄 뿐만 아니라 만족도를 높여 재방문을 유도한다. 또한, 지역은 개별 마케팅으로는 유치하기 어려웠던 체류형 관광객을 서로 주고받으며 관광 소비를 진작시키는 실질적인 경제 효과를 얻게 된다.

이와 함께 접근성 개선은 이 광역 연대를 완성하는 핵심 요소다. KTX와 같은 고속철도망이 없는 지자체들이 "우리는 교통이 불편해서 자동차 여행객에만 집중해야 한다"며 스스로 한계를 긋는 것은 패배주의적 시각에 불과하다. 우리 지역에 광역 교통 인프라가 없다면, 인프라를 가진 인근 거점 도시와 손을 잡아야 한다. KTX나 공항이 연결된 허브 도시와의 연계를 통해 관광 플랜을 공동 기획하면, 여행자들에게 이동의 효율성과 여행의 가성비를 동시에 제공할 수 있다.

여행 계획을 세우는 잠재 방문자들에게 "이곳을 방문하면 인근 지역의 다양한 매력까지 덤으로 경험할 수 있다"는 확신을 심어 주어야 한다. 이것이 체류 기간을 늘리고 소비 규모를 확대하는 일석이조(一石二鳥)의 해법이다. 지리적으로 인접한 지역들이 상호작용하며 자원을 공유하고 통합 마케팅을 추진할 때, 개별 지역의 경쟁력을 뛰어넘는 집합적 경쟁 우위가 형성된다.

하지만 안타깝게도 현실은 여전히 각개약진(各個躍進)에 가깝다. KTX 정차역을 활용한 마케팅조차 인접 지자체와의 공동 연대보다는, 단순히 셔틀버스를 보내 우리 지역으로만 관광객을 실어 나르는 단편적인 수송 작전에 그치고 있다. 인접 지역을 연계하는 프로그램 역시 지자체 주도의 전략적 협업보다는 여행사의 영업 수단으로 기획되는 경우가 대다수다.

물리적인 교통망은 단기간에 신설하기 어렵지만, 기존 또는 예정된 인프라를 활용한 연계 전략은 당장 시작할 수 있다. 특히 고속철도 개통이 예정된 지역과 인접한 지자체들은 개통 시기에 맞춰 광역관광경제권 조성을 선제적으로 준비해야 한다.

예를 들어 목포와 부산을 잇는 경전선 KTX 사업은 전남 관광의 지형을 바꿀 게임 체인저다. 현재 6시간 30분대인 소요 시간이 2030년 완전 개통 시 2시간 20분대로 대폭 단축되면, 보성·장흥·강진·해남·영암 등 기존에 접근성이 취약했던 전남 남부권은 비수도권 최다 인구인 760만 부·울·경 메가 시티를 새로운 배후 시장으로 맞이하게 된다.

정차역이 들어서는 지자체와 인접한 지자체들은 이 변화를 절호의 기회로 삼아 '남해안 관광 벨트'라는 거대한 광역관광경제권을 구축해야 한다. 공동 브랜드를 통해 호기심을 자극하고, 디지털 플랫폼을 활용한 연계상품 개발, 통합 예약 시스템 구축 등으로 지역 간 상호 방문의 장벽을 없애야 한다.

지역관광의 미래는 '융복합'과 '연대'를 통한 패러다임 전환에 달려 있다. 지역의 모든 자원을 연결해 새로운 가치를 창출하는 융복합, 그리고 냉철한 분석을 통해 서로의 장단점을 보완하는 수평적 연대야말로 지역관광을 성공으로 이끄는 가장 확실한 길이다. 이러한 방식으로 영남과 호남, 충청과 호남을 넘나드는 수많은 '광역관광경제권'이 탄생할 때, 지역관광은 소멸 위기를 극복하고 국가균형발전을 이끄는 강력한 동력이 될 것이다.

3. '최고'가 아닌 '유일'한 경험의 창조

현재 대한민국의 관광자원 개발은 '3최(三最)' 열풍에 휩싸여 있다. '최초(最初)·최고(最高)·최장(最長)'이라는 수식어를 내건 다양한 유형의 관광시설을 만들기 위해 지방자치단체마다 막대한 예산을 투입하고 있으나 역설적으로 전국의 관광지는 서로를 닮아 가는 획일화의 함정에 빠져들고 있다. 어느 곳을 가더라도 비슷한 시설이 존재하기 때문이다.

최근 충청남도 지역에서 벌어진 '전망대 높이 경쟁'은 이러한 현상을 극명하게 보여 준다. 인접한 3개 지방자치단체가 2년 사이 경쟁적으로 더 높은 전망대를 건설한 것이다. 이런 소모적인 높이 경쟁의 배경에는 복합적인 요인들이 작용하고 있다. 눈에 보이는 거대한 구조물이 곧 지역의 특별한 관광자원이라는 고착화된 인식과 임기 내에 주민들이 체감할 수 있는 가시적인 성과를 증명하고 싶은 선출직 단체장의 강한 의욕이 결합되어 나타나는 현상이다. 그렇기 때문에 국내 유일무이(唯一無二)한 콘텐츠를 기획하기보다 우리 지역, 우리 지방, 우리 동네에 단 하나밖에 없는 것을 세우면 된다는 태도하에 우수 사례 벤치마킹(benchmarking)이라는 그럴듯한 명분을 내세워 시설 복제라는 손쉬운 길을 택하고 있는 것이다.

지자체들이 이렇듯 뻔한 경쟁에 뛰어들고 있는 현상은 '붉은 여왕의 법칙(Red Queen Hypothesis)'이 실증되는 것과 같다. 루이스 캐럴(Lewis

Carrol)의 소설 『이상한 나라의 앨리스』의 속편인 『거울 나라의 앨리스』에서 붉은 여왕은 앨리스에게 "제자리에 있고 싶다면 최대한 빨리 달려야 한다"고 말한다. 이 말은 생물들이 지속적으로 진화해야 환경 변화에 적응할 수 있고, 그렇지 않으면 도태된다는 의미다. 여기서 진화는 단순히 생존율을 높이는 것이 아니라 다른 개체와의 경쟁에서 우위를 점하기 위한 과정이라는 것이다.

관광의 영역에서 지자체들이 비슷한 시설 경쟁에 나서는 것은 시장에서 지속적으로 살아남기 위한 생존 전략의 일환이다. 그래서 이웃한 지자체보다 더 높다는, 더 길다는, 국내 처음이라는 등의 수식어를 붙여 시설과 콘텐츠를 제공하고 있다. 이러한 경쟁은 지역관광의 성장과 발전을 촉진하지만 동시에 생존을 위협하기도 한다. 결과적으로 비슷한 수준에 머무르며 누구도 확실한 우위를 점하지 못하는 '경쟁의 덫'에 빠져 빚잔치를 벌일 수 있기 때문이다.

독창성이 부족한 관광자원을 가지고 국내 여행객 뺏어 오기에 급급한 지방에게 전망대와 출렁다리, 케이블카 등은 단기적으로 관광객을 유인하는 매력적인 수단이 될 수 있다. 그러나 붉은 여왕의 법칙에 따라 도태되기 싫은 타 지자체가 더 나은 경쟁자로 등장하는 순간 매력적이었던 자원은 평범하거나 평균 이하의 목적물로 전락하게 된다. 이런 현상이 현재까지도 반복되면서 지역관광은 독창성이 실종되었다는 평가를 받고 있다. 남과 다른 나만의 체험과 경험이 가능한 곳을 목적지로 선택

지역관광과 '공유지의 비극'

개릿 하딘의 이론: 목초지	지역관광의 현실: 독창성
1. 공유지 (The Commons) 마을에 모두가 사용할 수 있는 풍요로운 공동 목초지 존재	1. 공유지 (The Commons) 지역마다 독창적 매력을 만들 수 있는 고유한 관광자원을 보유
2. 개인의 이익 추구 "내 소를 한 마리 더 키우면 이득" … 너도나도 공동 목초지에 방목	2. 단기적 이익 추구 "우리도 출렁다리 만들면 관광객이 오겠지" … 획일화된 시설을 무분별하게 설치
3. 비극적 결과 결국 목초지의 풀이 고갈되어 농가가 이주하면서 지역 전체가 황폐화	3. 비극적 결과 결국 모든 지역이 비슷해지면서 시장의 외면을 받아 다 함께 공멸

하는 경향은 이제는 관광객들에게 하나의 문화로 자리 잡았다. 그러다 보니 관광으로 성공한 지역은 서울과 제주도, 여수시 등 손에 꼽을 정도이고 대부분의 지방은 '공유지의 비극(Tragedy of the Commons)'을 겪고 있다 해도 지나치지 않다. 미국의 생태학자 개릿 하딘(Garrett Hardin)은 1968년 ≪사이언스≫지에 기고한 에세이에서 이 개념을 다음과 같이 설명했다. 마을 근처 공유지가 목초지로 활용되고 있지만 사용 제한이 없을 경우 무분별한 이용으로 풀은 고갈되며, 먹이를 공급받지 못하는 소는 마을에서 자랄 수 없고, 결국 농가가 이주를 하면서 지역이 황폐화된다는 것이다(Hardin, 1968).

관광 분야도 마찬가지다. 각각의 지방이 독창적이며 독특한 매력을 만들어 낼 수 있는 관광자원(공유지)을 가지고 있음에도 불구하고 단기

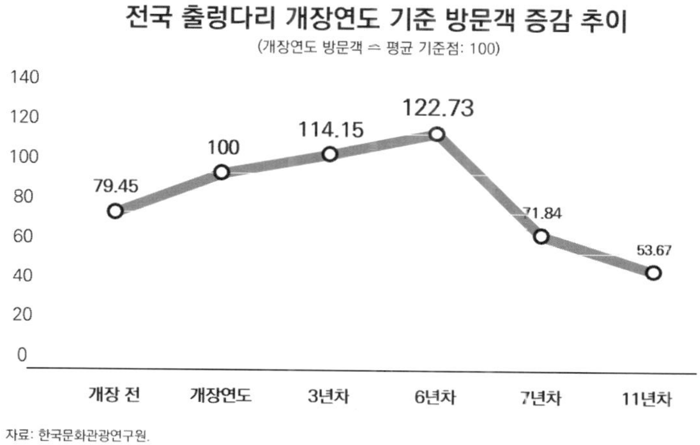

적 이익에 급급해 획일화된 시설물을 무분별하게 설치하면 결국 시장의 외면을 받게 될 것이다. 사람이 찾아오지 않는 곳의 관광산업은 위축되고 더불어 사람과 자본은 다른 곳으로 이동하는 악순환에 빠지면서 지역이 황폐해지는 결과를 맞이하게 된다. 한국문화관광연구원이 2021년 전국 100m 이상 출렁다리의 조성운영 실태를 분석한 결과는 지역관광에서 공유지의 비극이 현실화되고 있음을 보여 주고 있다. 연구원에 따르면 출렁다리는 개장 6년차까지 큰 하락세 없이 방문객을 유인하지만 7년차부터는 급감하기 시작해 11년이 지나면 개장 연도 방문객보다 약 40% 이상 감소하는 것으로 분석되었다(한국문화관광연구원, 2021). 관광객이 외면하는 시설은 결국 지역의 애물단지로 남게 된다. 시설 운영비와 유지비 등 세금은 지속적으로 투입될 수밖에 없고, 관리 소홀 등에 따른 이미지 훼손은 불가피하다. 관광자원은 희소성과 차별성을 가질 때, 즉 남다른 독창성이 있어야 지속가능한 가치를 창출하고 무분별한 난립은 공멸을 불러올 뿐이다.

독창성 중심의 관광 개발은 단순한 물리적 규모의 경쟁에서 벗어나 각 지역이 보유한 고유한 자산을 바탕으로 차별화된 경험을 창조하는 것이다. 독창성은 진정성(authenticity)과 밀접한 관련이 있다. 진정성은 관광이라는 현상이 발생하게 된 근원적인 욕구를 설명하는 핵심 개념이다. 산업의 발달로 사회는 분화를 거듭하고 있고, 최근에는 나노(nano) 사회[11]라는 말까지 나오면서 사람은 점점 더 소외되고 있다. 산업화와 도시화된 일상에서 '진짜'를 경험하기가 어려워지고, 개인의 자아와 정체성 상실은 현대사회의 중요한 과제가 되었다(김난도 외, 2022). 이에 따라 최근의 관광에서는 심리적·정신적·경험적 측면이 더욱더 강조되고 있다. 관광은 현대사회가 지닌 일상과 규범이 잠시 유예되는 경계의 공간에 일시적으로 이동하는 것을 의미한다. 고립되고 소외감을 느끼는 사람일수록 일상에는 존재하지 않는 진짜에 대한 욕구가 커지고, 이를 경험할 수 있는 유일한 수단으로 관광을 선택하는 것이라 할 수 있다.

11 서울대학교 소비트렌드분석센터가 '2022 트렌드 코리아'에서 제시한 용어로서 사회가 공동체적 유대를 잃고 마치 10억 분의 1 단위(나노)처럼 극도로 미세하게 파편화되는 현상을 의미한다.

현대사회에서 소외되고 고립된 사람들은 일상에서 경험하기 힘든 자아를 발견하거나 또는 획득하기 위해 여행을 떠나는 것이다. 관광 동기의 근원을 연구해 온 딘 매캐널(Dean MacCannell)은 관광객들이 일상에서 벗어나 진정한 경험을 추구한다고 주장했다(MacCannell, 1976). 즉, 단순한 구경이 아닌 의미 있는 체험과 경험을 찾아 여행을 떠난다는 것이다.

그렇다면 우리 지역을 찾아오는 여행자들에게 무엇으로 진정성을 경험시켜야 할까? 그것은 독창성을 갖춘 관광자원을 개발하는 데서 시작된다. 지역의 고유한 정체성과 이야기를 찾아내서 현대적 감각으로 재해석하여 다른 곳에서는 찾아볼 수 없는 콘텐츠를 만들어야 한다. 이때 주의할 점은 단순히 새로운 것을 만드는 것이 아니라 지역이 가지고 있는 역사와 문화, 사람, 자연 등 고유한 유산을 우리 스스로 깊이 이해한 뒤 방문객이 체험하고 경험할 수 있는 형태로 창조해야 한다는 것이다.

말레이시아 셀랑고르주의 작은 마을 '캄퐁 쿠안탄(Kampung Kuantan)'은 독창적인 관광 콘텐츠로 여행자들의 발길을 유인하는 곳으로 알려져 있다. 마을을 가로지르는 셀랑고르강은 밤이 되면 반딧불이가 빚어낸 자연의 빛에 의해 은하수로 변모한다. 캄퐁 쿠안탄의 반딧불이 여행 프로그램이 주목받는 것은 무대화된 인위적인 관광이 아니라 '발견하는 관광'으로 전환을 시도해 성공을 거두었다는 점이다.

거대한 건축물이나 수억 원의 인공조명 쇼 대신 사라져 가는 자연의 가장 연약하고 순간적인 현상을 핵심 상품으로 삼은 것이다. 자연의 빛을 있는 그대로 감상하기 위해 여행자들은 모든 인공 빛을 제거한다. 소음이 생기지 않도록 전통 나룻배인 삼판(sampan)에 몸을 맡기고 어둠 속으로 미끄러져 들어가면 수만 마리의 반딧불이가 맹그로브 나무에 깃들어 내뿜는 경이로운 빛의 공연을 감상하게 된다. 여행자는 각본 없는 자연 다큐멘터리의 조용한 관찰자가 되는 것이다. 이처럼 관광이 자연을 소비하는 대신 교감하는 방식으로 운영된다는 점에서 캄퐁 쿠안탄의 선택은 그 자체로 독창적이며, 이는 진정성으로 이어진다. 그리고 뱃사공, 생태 해설사는 물론 식당 종업원까지 투어의 모든 과정은 주민이 직접 참여하고 운영한다. 이러한 방식은 외부 자본에 의한 잠식을 견제할 수 있는 자립 구조를 만들어 내면서 지역 고유의 진정성을 유지하는 모델이 되었다. 관광 수익은 지역 경제에 직접 환원되며, 일부는 반딧불이 서식지를 지키는 환경보존기금으로 활용된다. 지역사회는 자신들의 터전을 지키는 것이 곧 생계가 된다는 자부심을 갖게 되었으며, 여행자들은 돈으로 살 수 없는 경이로움을 체험하고 환경 보존의 가치를 경험하게 되었다.

베트남 북부 사파 지역의 '시스터즈 투어(Sisters Tour)' 역시 독창적인 관광 모델로 주목받고 있다. 이 여행은 소수민족인 하몽(Hmong)족 여성들이 직접 기획하고 운영하는 것이 특징이다. 시스터즈 투어는 정형화된 관광 코스를 탈피하여 호스트의 일상 공간을 여행 경로로 설정하고 있다. 여행자가 지역 주민의 삶 한가운데로 들어가서 원주민의 일상

말레이시아 셀랑고르강에서 삼판을 타고 반딧불이를 가까이에서 살펴보는 관광객(사진 왼쪽)과 베트남 북부 사파에서 시스터즈 투어를 하는 여행자들.
▌Photo by https://selangor.travel & https://sapasisters.com

을 체험하는 것이다. 여행자들은 마을과 숲길, 계단식 논밭을 함께 걸으며 호스트 가족의 생활 이야기를 듣고, 그들의 집에서 전통 음식을 함께 나눈다. 이러한 경험을 통해 관광객은 단순한 관찰자의 위치에서 벗어나 호스트의 삶에 직접 참여하게 되며, 사파 지역의 진정한 모습을 체험할 수 있다. 시스터즈 투어는 '무엇을 보는가'에서 '누구와 함께하는가'로 여행의 초점을 이동시켰다는 점에서 독창적인 콘텐츠로 평가된다. 단순히 지역의 자연환경을 걷는 것을 넘어 여행의 목적지가 '사람'이 될 때 경험의 깊이가 달라질 수 있고, 사람의 이야기와 진솔한 관계 맺기만으로도 최고의 콘텐츠가 될 수 있음을 보여 주는 대표적 사례다.

독창성 중심의 관광 개발에서 싱가포르 창이공항의 '쥬얼 창이(Jewel Changi)'를 빼놓을 수는 없다. 2019년 문을 연 쥬얼 창이는 두바이, 홍콩, 이스탄불 등과 치열한 글로벌 허브 공항 경쟁에서 싱가포르가 선보인

싱가포르 창이공항 쥬얼 창이의 랜드마크인 돔 폭포(사진 왼쪽)와 캐노피 파크의 바운싱 넷 전경.
▌Photo by Sungmoon Jung

전략적 차별화 방안이었다. 도시국가인 싱가포르는 이웃한 나라의 도시들과 치열한 경쟁을 펼치고 있었기 때문에 관광객을 유인할 수 있는 독창적인 자원 개발을 늘 고민해야 했다. 그래서 관문 공항인 창이공항을 교통 인프라가 아닌 '라이프 스타일 목적지(lifestyle destination)'로 재정의하고 복합문화시설로 변신시켰다. 쥬얼 창이의 핵심은 유리 돔 아래 40m 높이에서 떨어지는 세계 최대규모의 실내 폭포 'HSBC 레인 보텍스(Rain Vortex)'이다. 이 상징적 시설물은 전 세계 여행자들의 소셜 미디어를 통해 확산되며 강력한 마케팅 효과를 창출하고 있다. 폭포를 중심으로 5층에 조성된 '시세이도 포레스트 밸리(Shiseido Forest Valley)'는 900그루 이상의 나무와 6만 그루 이상의 관목으로 조성된 실내 숲으로, 방문객들이 인공적 환경 내에서 자연의 경이로움을 체험할 수 있도록 설계되었다.

독창성은 폭포에 국한되지 않는다. 최상층의 '캐노피 파크(Canopy Park)'에는 그물망 위를 걷는 '바운싱 넷', 유리바닥 다리인 '캐노피 브리지', '헤지 메이즈(Hedge Maze)' 등 다양한 연령층이 참여할 수 있는 놀이 시설이 배치되어 있다. 다채로운 식음료 시설과 쇼핑 공간을 포함한 다층적 경험 구조는 환승객의 체류 시간을 연장시킬 뿐만 아니라 현지 주민들까지 끌어들이는 도시 명소로 기능하고 있다. 개장 후 6개월간 약 5천만 명이 이곳을 찾았으며(CHANGI airport group, 2019), 2024년 한 해 동안에만 8천만 명 이상의 방문객을 기록했는데 이는 전년 대비 10% 증가한 수치다(CHANGI airport group, 2025).

이러한 사례들은 비슷한 콘텐츠로 포장된 국내 지역관광에 새로운 가능성을 제시한다. 새로움 창조(쥬얼 창이), 관계와 연결(사파 시스터즈), 자연과 공존하는 발견(캄퐁 쿠안탄) 등 각기 다른 접근 방식으로 독창성을 증명한 세 지역의 공통분모는 이질적 요소들을 독창적으로 융합했다는 점이다. 우리도 지역관광 활성화를 위해 전국의 공항을 새롭게 창조해 볼 수는 없을까? 교통 관문이지만 이용객이 적어 존립 기반이 약화된 지방 공항들은 해당 지역의 문화와 정체성을 담은 독창적인 문화복합공간으로 거듭날 잠재력을 가지고 있다. 광주공항과의 기능 통합으로 새로운 허브가 될 무안국제공항은 서남해안의 갯벌 생태계와 전라남도의 풍부한 문화유산을 결합시킨 독창적인 공간으로 조성 가능하다. 갯벌을 모티브로 한 실내 생태공간, 전통 한옥 건축양식을 현대적으로 재해석한 휴게 공간, 지역 전통공예와 현대 예술이 결합된 전시 공간 등을 통해 방문객들에게 남도의 독특한 경험을 제공하는 것이다. 바닥 스크린 위를 걸으면 발아래로 갯벌 생물이 나타나는 인터랙티브 미디어 아트는 공항에서의 대기 시간을 생태적 놀이 경험으로 전화시킬 것이다. 양양국제공항은 '서핑과 명상'이라는 키워드로 특성화할 수 있다. 파도의 역동성을 체험하는 공간과 설악산의 고요함을 담은 정원을 상호 교차시켜 방문객이 액티비티와 휴식의 조화를 경험하는 '라이프 스타일 허브'로 기능할 수 있다. 사계절 내내 파도를 즐길 수 있는 실내 서핑장과 설악산의 암벽을 모티브로 한 클라이밍 시설이 있다면 양양은 모험 도시로서의 브랜드 가치가 한층 더 향상될 것이다. 청주국제공항은 세계 최고(最古)의 금속활자본 직지심체요절의 고향이자 바이오 산업의 중심지라는 지역적 특성을 활용하여 '과거의 지혜와 미래 기술의 교차점'으로 포지셔닝해야 한다. 아날로그적 기록 문화와 최첨단 생명과학을 함께 체험하는 차별화된 콘텐츠로 중부권의 핵심 관문임을 입증할 수 있을 것이다. 방문객이 직접 금속활자를 조합해 디지털 연하장을 만드는 '직지 공방'과 같은 체험형 프로그램을 구상해 볼 수 있다.

이러한 다층적 접근 방식은 도심의 대형 상업시설에도 동일하게 적용 가능하다. 오랫동안 '노잼 도시'라는 오명을 벗지 못했던 광주광역시에 복합 쇼핑몰인 '더현대 광주'와 '스타필드 광주'의 건립이 계획되어 있다. 외관상으로는 광주가 대표하는 전통문화유산의 미학과 더현대의 독창성을 융합하는 데 중점을 두었다. 국내외적으로 유례를 찾기 어려운 문화와 예술이 접목된 상업 시설로 또 다른 세계적 명소가 되리라 기대한다. 하지만 이 공간들이 전국의 다른 쇼핑몰과 유사한 구성으로 채워진다면 광주는 단순히 또 하나의 소비 공간을 확보하는 데 그칠 것이다. 국내외에서 주목받는 진정한 명소가 되려면 광주가 보유한 고유한 가치와 정체성을 공간 구성에 반영해야 한다. 5·18 민주화 운동의 성지이자 국립아시아문화전당과 광주비엔날레 등 다양한 문화 인프라가 집적된 도시의 문화적 자산을 쇼핑몰 공간에 융합하여 문화체험 공간으로 진화시켜야 한다. 광주 지역 작가들이 자유롭게 창작하고 시민들과 소통하는 '광장 아틀리에'를 만들고, 푸드 코트는 남도 음식 명인들이 자신의 요리 철학을 이야기하며 음식을 내주는 '미식의 무대'로 꾸미는 것이다. 이처럼 소비에서 관계로, 관람에서 대화로, 패러다임이 전환되는 공간을 구축하면 광주의 쇼핑몰은 유일무이한 독창성을 확보하게 되고, 광주는 차별화된 '재미'와 '매력'을 가진 도시로 인식될 수 있다.

한편 독창성은 지역의 특색 있는 건축물을 통해 구현되기도 한다. 현대 관광에서 가장 중요한 자원 중 하나를 선택하라면 그것은 바로 '공간'일 것이다. 경험의 가치가 강조될수록 방문객에게 특별한 영감을 주는 물리적 공간의 영향력은 강화된다. 카페 순례가 대중화된 것은 단순히 그곳에서 파는 커피와 빵 때문이 아니라 카페마다 다른 독특한 공간을 소비하고자 하는 방문자들의 성향 때문이다. 그래서 사람들은 특색 있는 대형카페 방문을 선호한다. 이러한 공간의 경험을 상징적이고 강력하게 구현하는 것이 바로 건축이다. 지역관광이 획일화의 위기 속에서 독창성을 확보하기 위한 전략적 수단으로서 건축은 적극 고려되어야 한다.

1997년 쇠락하던 스페인의 공업도시 빌바오에 프랭크 게리(Frank Gehry)가 설계한 구겐하임 미술관이 건립되자 도시는 연간 100만 명 이상이 찾아오는 문화예술관광 중심지로 재생되었다. 티타늄 판으로 뒤덮인 파격적인 미술관은 그 자체로 하나의 거대한 조각품이자 압도적인 시각 경험이다. 탁월한 건축물 하나가 도시의 이미지를 바꾸고 경제를

대서양을 마주하고 있는 캐나다 동쪽 끝 외딴 섬마을 포고 아일랜드에 건축된 '포고 아일랜드 인'의 전경.

▌Photo by https://fogoislandinn.ca/

되살리는 기폭제가 된 것이다.

캐나다 뉴펀들랜드 연안의 작은 섬 '포고 아일랜드(Fogo Island)'는 대구잡이 산업의 붕괴로 소멸 위기에 처해 있던 작은 어촌 마을이었다. 이곳 출신의 사업가 지타 코브(Zita Cobb)는 고향을 살리기 위해 세계적인 건축가 토드 손더스(Todd Saunders)와 협력하여 절벽 위에 '포고 아일랜드 인(Fogo Island Inn)'을 건립했다. 전통 가옥의 높은 기둥을 현대적으로 재해석한 독특한 외관을 갖춘 호텔은 세계 건축계와 여행자들의 주목을 받는 상징적인 건축물이 되었다. 쇠퇴하던 어촌 마을에 세계 각국의 여행자들이 찾아오기 시작했고, 주민들은 호텔과 직간접적으로 연관된 지속가능한 일자리와 더불어 지역에 대한 자부심을 가지게 되었다.

이처럼 건축을 통한 지역관광의 성공은 빌바오와 같은 도시나 포고 아일랜드와 같은 작은 어촌 마을에서도 강력한 효과를 발휘한다. 획일적인 시설 경쟁을 넘어 지역 고유의 서사가 담긴 건축적 시도는 지역관광을 성공으로 이끄는 진정한 독창적 전략이 될 것이다.

하지만 독창성을 추구한다는 명분으로 또다시 막대한 예산을 쏟아부어 기이한 시설물을 만드는 것은 경계해야 한다. 진정한 독창성은 무언가를 채우는 것에서 발견할 수도 있지만 때로는 비워 두는 것에서 나타난다. 수많은 개발 시도 속에서 어렵게 보존해 온 오래된 골목, 원시림과 같은 자연, 텅 빈 들판 같은 공간을 기어이 무언가로 채워 넣겠다는 것은 성공과 업적 쌓기에 급급한 현세대의 욕망에 불과할 수 있다. 지속가능한 성장과 발전을 위해 때로는 아무것도 하지 않고 그대로 남겨 두는 것이 가장 창의적인 선택일 수 있다. 다음 세대가 현재보다 더 뛰어난 상상력으로 활용할 수 있기 때문이다.

관광으로 지역이 활력을 되찾고, 지역 경제가 활성화되기 위해서는 오롯이 우리만 가지고 있는 특별함이 있어야 한다. 즉, 우리 지역 고유의 역사, 문화, 자연에서 독창적인 가치를 찾아내고 그것을 진정성 있는 방식으로 구현해 낼 때 전국 방방곡곡에서 여행자, 그리고 관광객이 찾아올 것이다. 벤치마킹이라는 그럴듯한 수식어를 빌려 모방하고, 그것을 또다시 따라 하는 무한 경쟁에서 벗어나 '최초'의 경험을 창조할 때 지역관광은 진정한 경쟁력을 갖출 수 있다는 점을 명심해야 한다.

4장

사람에게 투자하고 시스템을 혁신하라

우리는 이 책에서 지역관광이 처한 '획일화의 위기'를 진단하고, 해법을 찾아 긴 여정을 이어 왔다. 성공 사례를 좇아 서로를 모방하는 '붉은 여왕의 경주'를 멈추고, 지역 고유의 DNA에서 '최고'가 아닌 '유일'의 가치를 찾아야 함을 역설했다. 캄퐁 쿠안탄의 반딧불이처럼 자연을 '발견'하고, 사파 시스터즈처럼 '사람'을 만나며, 쥬얼 창이처럼 공간을 '재창조'하는 독창성의 다양한 얼굴들을 확인했다. 또 건축과 브랜딩, 융복합과 연대 등 수많은 전략을 논의했지만 결국 모든 길은 하나의 근본적인 질문으로 모인다. 이 모든 변화를 실제로 만들어 낼 동력은 어디에서 오는가? 화려한 청사진과 막대한 예산만으로 지역의 미래가 저절로 열릴 것이라는 환상에서 벗어날 때 우리는 비로소 지속가능한 미래를 향한 첫걸음을 뗄 수 있다.

한국고용정보원이 발표한 2024년 3월 기준 288개 전국 기초자치단체 가운데 '소멸위험지역'은 130곳(57.0%)에 달했다. 그중 57곳은 '초위험 단계'에 진입했다. 이는 수도권을 제외한 지방의 절반 이상이 소멸 위기에 직면해 있다는 말이다. 특히 기존의 군 지역뿐만 아니라, 경북 상주시·문경시, 경남 밀양시와 같은 시 지역도 포함되기 시작했다(이상호, 2024). 이는 단순한 인구 감소를 넘어 지역 경제와 문화, 사회적 자본의 총체적 붕괴를 경고하는 적신호다. 이러한 위기 상황에서 지역관광은 지역 재생의 핵심 동력으로 주목받고 있지만 기존의 하향식 접근법과 단편적 사업추진 방식으로는 더 이상 유효한 해법이 될 수 없다는 게 명

시·군·구별 소멸위험지역 현황 (2024년 3월)

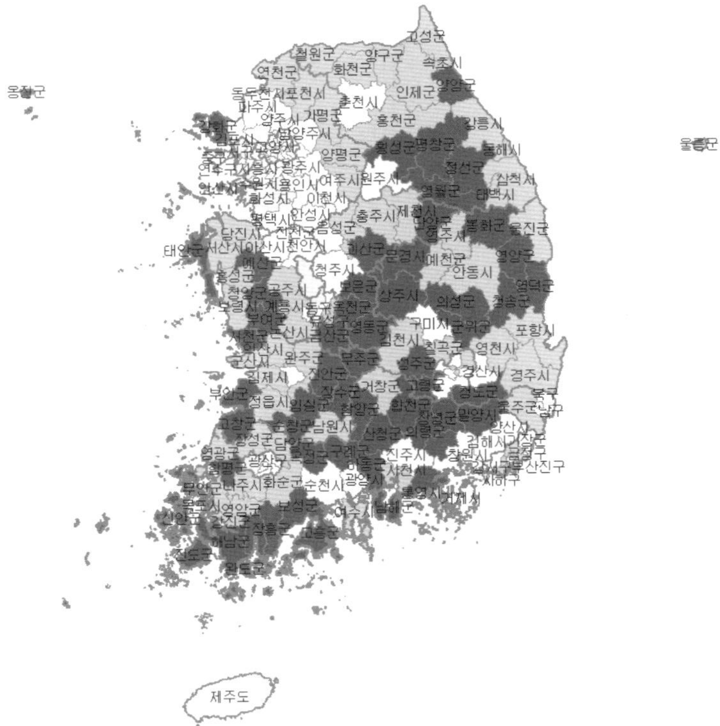

자료: 한국고용정보원.

확해졌다. 지역관광이 소멸에 직면한 지방을 부활시키고, 부흥시키며, 사람이 찾아오는 창생의 도시가 되기 위한 첫걸음은 '사람'에 대한 근본적인 성찰과 '시스템'에 대한 과감한 혁신에서 시작되어야 한다.

1. '돈'과 '일'이 아닌 '사람'에서 시작

그동안 우리는 지역 활성화에 '돈'과 '일'의 시각으로 접근해 왔다. 중앙정부가 예산을 내려보내고, 지자체가 사업을 발주하며, 주민들은 정해진 기간 안에 가시적인 성과를 내야 하는 상황으로 내몰린다. 반대의 경우도 다르지 않다. 커뮤니티가 주민 참여형 관광개발사업을 발굴하여 공공 예산을 받게 되더라도 결국 실적 생산을 요구받는다. 이러한 프로젝트 중심의 접근법은 수많은 실패를 반복하고 있다. 경험과 역량이 부족한 주민들에게 예산부터 쥐여 주고 성과를 요구하는 것은 밭을 갈고 씨앗을 심는 과정 없이 열매부터 따려는 조급함과 같다. 주민 참여라는 이름으로 전국 곳곳에서 행해진 지역관광사업 중 상당수가 목표에 도달하지 못하고 중단되는 경우가 이런 이유 때문이다. 지역관광은 정해진 기간에 끝내는 '사업'이 아니라 그곳에 사는 사람들의 '삶' 그 자체이다. 주민들의 일상이자 생활 터전에 깊이 축적된 무형의 문화를 자원으로 삼아 여행자들이 소비할 수 있는 다양한 유형의 콘텐츠를 만들어 내는 것이 지역관광의 핵심이다. 결국 콘텐츠화할 수 있는 인적 자본이 확보되어야 하며, 공동체 내부에 사람이 없으면 교육을 통해 키우고, 외부에서 불러들이는 방식으로 프로젝트를 준비해야 한다.

새로운 지역관광의 시작은 공동체 역량 강화에서 출발한다. 늘 들어왔던 명제이지만 제대로 지켜지지 않고 있는 게 현실이다. 지역관광을 수행할 인적 자본이 취약한 상태에서 성급하게 사업을 배분하고 성과를 요구하는 상황이 반복됨에 따라 주민 참여도는 떨어지고 사업 종료 후 관리 부실로 인한 시설 방치사례가 빈발하고 있다. 이러한 상황이 더 이상 지역 활성화의 선제 조건이 되지 않도록 하기 위해서는 지역공동체가 스스로 문제를 인식하고 해결할 역량을 갖춰야 한다. 공공기관의 사업 실적을 위해 또는 보여 주기 식으로 교육 프로그램 몇 번 운영하는 것을 넘어 주민들이 함께 학습하고 토론하며, 작은 성공의 경험을 축적해 가는 과정이 필요하다.

푸트넘(Putnam, 1993)은 신뢰와 호혜성, 그리고 촘촘한 사회적 네트워크로 구성된 '사회적 자본(social capital)'이 공동체가 공동의 목표를 달성하게 하는 핵심 동력이라고 강조했다. 관광은 본질적으로 사람과 사람, 사람과 문화 등 교류를 기반으로 하는 산업이다. 지역 주민 간의 신뢰와 결속이 강할수록 방문객에 대한 환대와 서비스의 질이 높아지고 이는 곧 관광지의 경쟁력으로 이어진다.

전라남도 강진군의 '푸소'가 성공할 수 있었던 이유도 자신의 집을 기꺼이 개방하고 방문객과 진심으로 교류하려는 신뢰와 호혜성에 그 바탕이 있다. 또한 이들을 '환대 전문가'로 성장시켜 나간 강진군청의 '사람'에 대한 투자가 있었기에 가능했다. 푸소 운영자들은 서비스 교육, 요리 교실, 농촌 해설사 양성 과정 등 다양한 커리큘럼을 3년간 체계적으로 이수해 역량을 키워 왔다. 무엇보다 정기적인 모임에서 서로의 경험을 공유하고 문제를 함께 해결하는 학습 공동체를 만들었다. 주민 네트워크 강화는 푸소의 서비스 질을 크게 향상시켰고, 이는 강진군 관광에 대한 인식의 전환을 가져오게 되었다.

따라서 정부와 지자체는 '돈 궁리', '일 궁리'보다 '사람 궁리'를 먼저 해야 한다. 한국문화관광연구원이 인구감소 지역으로 지정된 89개 기초지자체와 이를 포함하는 11개 광역지자체의 지역관광 담당 공무원과 연구 기관 내 관광정책 담당자 100명을 대상으로 지역관광사업 추진의 장애 요인을 설문 조사한 결과 인력 부족(80.6%), 주민역량 미비(71.0%), 낮은 주민 참여도(54.8%), 단체장 관심 부족(9.7%) 등의 순으로 응답했다(전효재 외, 2024). 특히, 응답상 기초지자체 공무원들의 인력 부족이 광역지자체에 비해 상대적으로 높게 나타났다. 이 조사는 지역관광 활

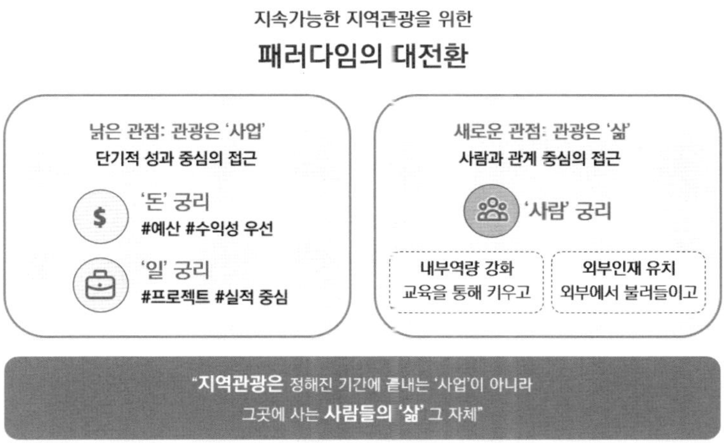

성화를 위해서는 무엇보다 사람이 필요하다는 것을 시사한다. 이에 따라 성급한 하드웨어 투자에 앞서 지역에 필요한 리더를 발굴하고, 주민들의 학습 공동체를 지원하며, 그들이 자발적으로 움직일 수 있도록 기다려 주는 인내심이 필요하다. 관광은 만병통치약이 아니다. 지역공동체가 능력을 키우고 역량을 갖췄을 때 자연스럽게 성과를 창출할 수 있다. 생각의 변화, 작은 실천, 자기다움을 만들어 가려는 노력은 지속가능한 지역관광의 핵심 요소다.

지역관광의 핵심 동력인 '사람'은 크게 두 개의 축으로 움직인다. 하나는 지역의 주인이자 콘텐츠의 원천인 '주민'이며, 다른 하나는 이들의 잠재력을 끌어내고 판을 깔아 주는 '공무원'이다. 먼저 주민은 더 이상 수동적인 수혜자가 아닌 관광의 주체로 서야 한다. 캄퐁 쿠안탄의 뱃사공, 사파 시스터즈의 여성 가이드처럼 주민의 삶과 이야기가 곧 대체 불가능한 관광 콘텐츠가 되는 모델을 만들어야 한다.

이를 위해서는 주민들이 기획 단계부터 의사결정 권한을 가지며, 관광으로 발생한 이익을 투명하게 분배 받는 실질적인 참여 구조가 보장되어야 한다. 전라남도 강진군 달빛한옥마을의 이주민들이 스스로 자치 규약을 만들고 관계 맺기를 핵심 콘텐츠로 삼아 성공을 이룬 것처럼 자율성과 주체성이 보장될 때 주민들은 가장 창의적인 기획자이자 기업가가 된다. 문화체육관광부의 '관광두레'사업도 주민 공동체가 스스로 지역특화관광 사업체를 창업하고 경영하도록 지원하고 있다는 점에서 대표적인 사람 중심의 지역관광 활성화 정책이다. 달빛한옥마을이나 관광두레사업의 경우처럼 역량을 갖춘 사람에 의해 지역관광이 기획되고 실행된 곳은 지속가능한 성장이 담보되며, 방문객이 늘 찾는다는 공통점이 있다. 반면 역량은 없는데 각급 행정기관의 재정사업 일환으로 추진된 지역관광의 경우 시간이 지날수록 주민 참여도가 떨어지고, 지원 기간이 종료되면 사람은 떠나고 시설은 방치되는 경우가 많다.

지역관광의 지속가능성을 떠받치는 또 다른 동력 축인 공무원은 지원사업을 통제하는 관리자가 아니라 길을 여는 개척자가 되어야 한다. 지역 소멸의 위기 속에서 수많은 공무원이 지역 발전을 위해 헌신하고 있음은 부인할 수 없는 사실이다. 그러나 성과주의와 수직적 위계질서에 갇힌 행정 시스템은 종종 이들의 열정을 갉아먹는다. 관광 현장의 전문가 또는 활동가, 주민과 눈을 맞추고 그들의 목소리에 귀 기울여 계획을 세워도 소위 윗분들의 입맛에 맞지 않으면 방향이 수정되거나 사업이 좌초되는 경우가 허다하다. 모 지자체의 관광자원 개발계획 수립과 관련해 자문을 해 주었던 전문가가 "공무원들은 그들의 수준으로 전문가의 계획이나 자문 등을 평가하려는 태도를 종종 보일 때가 있다"고 지적한 대목은 행정이 새겨들어야 한다. 지역관광이 성공하기 위해서는 위만 쳐다보는 행정'에서 벗어나 현장의 의견을 우선하여 계획을 세우고 실행하려는 사고 전환이 필요하다.

'나라(중앙정부, 상급 지자체, 상사)'가 안 하면 '나'라도 한다는 사명감을

지역의 운명을 바꾸는 작은 시작

공무원의 역할 전환

AS-IS: 관리자(Manager)
위만 쳐다보는 행정

- **통제와 관리**
  # 지원 사업을 통제하는 역할에 머묾
- **성과주의와 위계질서**
  # 시스템에 갇혀 열정과 창의성 상실
- **조직 중심 의사결정**
  # 현장의 목소리보다 내부의 방향 중시

TO-BE: 개척자(Pioneer)
'나'라도 한다는 사명감

- **자율성과 창의성**
  # 관행의 벽을 넘어 새로운 시도
- **실패 용인과 전문성**
  # 도전을 장려하고 역량을 키우는 문화
- **현장 중심 실행**
  # 주민, 전문가와 눈 맞추고 함께 계획

가진 공무원 한 사람이 지역의 운명을 바꾼 사례는 드물지 않다. 강원도 평창군의 관광두레사업을 이끈 김복재 관광정책과장은 지역 주민과의 협업을 중심으로 한 참여형 관광 모델을 구축했다. 그는 관광두레 PD 및 주민 사업체와 긴밀히 협력하여 지역 자원을 발굴하고, 청년 주민의 창의적 아이디어를 정책에 반영하는 구조를 만들었다. 특히 청년 공모전과 정기 네트워크 운영 등을 통해 지속가능한 지역관광 기반을 마련한 점이 높은 평가를 받아 2024년 문화체육관광부 장관으로부터 우수 지자체 공무원 상을 받았다. 전라남도 담양군의 죽녹원은 공무원들이 혁신적 접근을 통해 성공한 대표적 사례다. 담양군은 단순한 시설 조성이 아닌 '스토리텔링'과 '체험 프로그램'을 결합한 종합적 관광 상품을 기획했다. 특히 지역 주민들과의 지속적인 소통을 통해 대나무 공예 장인들을 발굴하고 이들의 기술을 관광 콘텐츠로 연결하는 데 성공했다. 죽녹원은 2003년 개장 이후 연간 120만 명이 방문하는 대표적인 생태 관광지로 자리 잡았으며, 2024년에는 '아름다운 도시숲 50선'과 '로컬 100' 선정에 포함되는 등 전국적으로 주목을 받으면서 지역 경제 활성화에도 크게 기여하고 있다.

이러한 성공 사례가 전국에서, 특히 지역 소멸이라는 절체절명의 위기에 봉착한 농어촌 지역에 풍성하게 발현되려면 공무원들이 관행의 벽을 넘어 창의적인 시도를 할 수 있도록 자율성을 부여하고, 실패를 용인하며, 전문성을 키울 수 있도록 지원하는 문화적·제도적 환경을 조성하는 것이 시급하다. 지역의 운명을 바꾸는 작은 시작은 바로 이런 공무원들이라는 점을 명심해야 한다.

2. 신뢰의 시스템, 공정한 거버넌스의 구축

역량 있는 사람들을 발굴하고 키워 냈다 하더라도 이들이 함께 일할 공정하고 투명한 시스템이 없다면 혁신은 지속될 수 없다. 안타깝게도 많은 지역에서 공공 자본이 '눈먼 돈'처럼 여겨져 소수의 이익을 위해 쓰이거나, 사업의 주도권을 둘러싼 갈등으로 공동체가 분열되는 비극이 반복되고 있다. 행정의 감독 기능이 느슨한 틈을 타 공적 자본이 투입된 사업을 개인의 부를 축적하는 수단으로 악용하는 사례가 발생하면서, 지역 활성화를 위해 시작된 관광사업이 오히려 지역의 분열과 갈등을 초래하기도 한다. 이는 결국 행정에 대한 불신과 주민 간의 반목을 낳고, 어렵게 시작한 사업을 좌초시키는 치명적인 원인이 된다. 따라서 사전예방 차원에서 다양한 주체들이 신뢰를 바탕으로 협력하고 합리적인 의사 결정을 내릴 수 있는 통합적인 거버넌스(governance) 운영 체계를 반드시 구축해야 한다. 이는 권한과 책임을 명확히 하며, 투명한 의사결정 과정을 보장하고, 사업으로 발생한 이익을 공정하게 분배하는 구조를 만들어 갈등을 최소화하면서 장기적인 비전을 공유하는 방식으로 지속가능한 성장과 발전을 위한 운영 시스템을 설계하는 일이다. 유엔세계관광기구도 협력적 거버넌스를 지속가능한 관광의 핵심 조건으로 강조하고 있다(UN Tourism, 2017). OECD가 발표한 관광정책과 거버넌스 보고서에 따르면 관광 선진국들은 대부분 협력적 거버넌스를 구축하고 있으며, 이것이 지속가능한 관광 발전의 핵심 성공요인으로 작용한다는 점을 명시하고 있다(OECD, 2022).

지역관광과 연계된 다양한 이해관계자들이 참여하는 통합적인 거버넌스는 구호가 아닌 구체적인 실행 과제에 기반해 실현되어야 한다. 이를 위한 첫 출발은 모든 주체를 아우르는 효과적인 소통 채널을 구축하는 데서 시작된다. 지역관광은 행정, 학계, 산업계, 그리고 로컬 크리에이터와 마을 기업 등 민간 영역까지 다양한 주체들이 얽혀 있는 복잡한 생태계다. 이들의 의견을 조율하고 창생과 상생의 방안을 협의하는 공식적인 소통 채널이 없다면 정책은 현장과 괴리되고 협력은 구호에 그치게 된다. 따라서 관광분야 현장에서 실현 가능한 과제를 발굴하면 연구, 기획, 정책 수립, 예산 확보로 이어지는 선순환 체계를 마련하기 위한 상시적인 의사소통 플랫폼이 필수적이다.

이어서 지속가능한 과제 발굴과 안정적인 정책·예산 지원을 논의할 실무 조직을 구성해야 한다. 특히 스마트 관광, 빅데이터 활용 등 급변하는 기술 환경에 능동적으로 대처하기 위해서는 전문성을 갖춘 실무형 거버넌스 운영이 중요하다. 초기에는 산학연관이 참여하는 실무 조직을 통해 구체적인 협력 과제를 발굴하고, 이후 민간의 자생적 생태계 기반을 마련하는 2단계 접근을 통해 지속가능성을 확보해야 한다.

이러한 신뢰 기반의 거버넌스가 성공적으로 정착되면 지역관광은 다른 차원으로 도약할 수 있다. 모든 이해관계자가 관광정책의 동향을 상시적으로 공유하게 되면 중복 사업을 피하고 선택과 집중에 기반한 시너지 창출이 가능해진다. 또한 관광이라는 단일 영역을 넘어 인공지능, 디지털 문화 체험 등 타 산업과의 융복합 과제를 적극적으로 발굴할 수 있다. 이는 우리 지역만의 차별화된 관광·문화 소비구조를 만들어 낼 뿐만 아니라 효율적이면서 효능감 있는 융복합 관광산업 생태계를 조성하는 결과를 가져올 것이다.

이를 위해 전국 지자체에서 협력적 거버넌스를 구축하기 위한 방안으로 DMO나 RTO를 출범시켜 운영하고 있다. 하지만 수많은 지자체가, 특히 기초지자체가 재정의 어려움과 기득권 세력의 반대 여론에 밀려 DMO와 같은 유형의 거버넌스를 설립하는 대신 정책이나 사업별로 협업 체계를 가동하고 있는 게 현실이다. 그렇더라도 지역 또는 권역의 지속가능한 관광사업은 다양한 주체와 이해관계자들을 포함하는 관리 체계 구조화에서 시작되므로 공공과 민간, 지역사회 주체들 간의 관계와 역할을 담는 거버넌스 모델 구축은 반드시 필요하다.

이처럼 다층적 거버넌스가 성공하기 위해서는 몇 가지 핵심 요건이 충족되어야 한다. 첫째, 신뢰 구축이다. 거버넌스의 성공은 무엇보다 참여자들 간의 신뢰에 달려 있다. 투명한 정보 공개, 공정한 절차, 약속 이행을 통해 신뢰의 기반을 마련해야 한다. 둘째, 역량 강화다. 참여자들의 역량이 부족하면 거버넌스는 형식적으로 흐를 수밖에 없다. 리더십 교육, 전문성 교육, 소통기술 교육 등 체계적인 역량 강화 프로그램이 필요하다. 셋째, 지속적 모니터링과 개선이다. 거버넌스는 한 번 만들어지면 끝나는 것이 아니라 지속적으로 발전시켜야 하는 살아 있는 시스템이다. 정기 평가, 외부 평가, 벤치마킹을 통해 끊임없이 개선해 나가야 한다.

이와 함께 거버넌스 구축은 단계적으로 접근해야 한다. 준비 단계에서는 지역 내 핵심 인재와 리더를 발굴하고, 관련 전문가와 기관의 네트워크를 구축하며, 주민 설명회와 공감대 형성에 집중해야 한다. 동시에

성공적인 지역관광 거버넌스 구축 로드맵

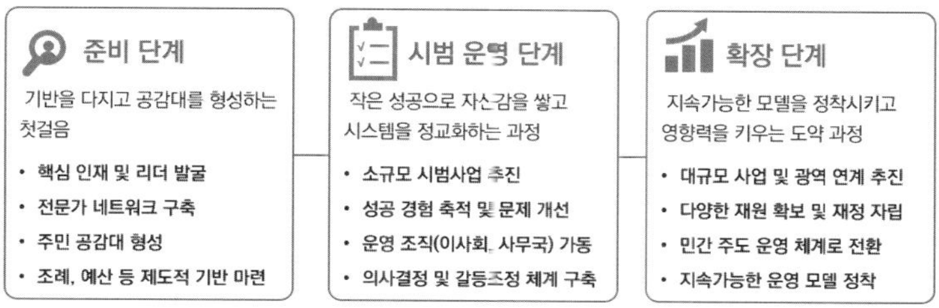

거버넌스 운영조례 제정, 예산 확보와 사무공간 마련, 기본 운영규정과 매뉴얼 작성 등 제도적 기반을 마련해야 한다. 시범운영 단계에서는 소규모 시범 사업을 추진하여 성공 경험을 통한 자신감을 구축하고, 문제점을 발굴하여 개선해 나가야 한다. 이사회, 운영 위원회, 사무국을 본격 가동하고, 의사 결정 프로세스를 정교화하며, 갈등 조정 메커니즘을 구축해야 한다. 확장 단계에서는 축적된 경험을 바탕으로 대규모 사업을 기획하고, 다양한 재원을 확보하여 활용하며, 광역적 연계와 협력 사업을 추진해야 한다. 관광 수익을 통한 재정 자립도를 향상시키고, 민간이 주도하는 운영 체계로의 전환을 준비하며, 지속가능한 운영 모델을 정착시켜야 한다.

이러한 과정이 성공적으로 추진되기 위해서는 지자체의 의지가 무엇보다 중요하다. 지역관광 거버넌스를 전담하는 조직을 설치하고, 충분한 인력과 예산을 배정해야 한다. 관광과뿐만 아니라 기획, 경제, 문화,

환경 등 관련 부서 간의 긴밀한 협업 체계를 구축하고, 정기적인 간담회와 온라인 소통채널 가동, 설문 조사 등 다양한 형식을 통해 주민 의견을 지속적으로 수렴하는 시스템을 구축해야 한다.

이러한 시스템의 정착은 지역관광의 긍정적 효과를 불러온다. 경제적 측면에서는 주민 주도의 관광사업이 확산됨에 따라 관광 수익이 지역 주민에게 우선 돌아가게 된다. 주민 참여형 관광사업의 지역 경제 파급효과는 일반적인 관광사업보다 훨씬 높기 때문이다. 2020년 관광두레사업에 참여했던 전라남도 순천시의 '농업회사법인 순천맥주'는 지역의 맛과 멋을 담은 수제맥주 판매와 함께 제조 체험, 교육을 실시한 결과 3년 후 매출액이 2,400% 증가해 우수 주민 사업체로 선정되었다. 또 강원도 정선군에서는 지역 주민들이 간이역을 활용한 카페를 창업해 3년간 매출액이 20배 이상 증가하는 기록을 세우기도 했다(문화체육관광부, 2024). 관광 서비스업은 노동집약적산업이다. 주민들이 주도하여 성장하는 관광 기업은 청년층과 중장년층, 여성 등 지역 내에서 활동하는 다양한 계층에게 일자리 기회를 제공할 수 있다.

사회적 측면에서는 주민 간의 유대감과 결속력이 강화된다. 함께 지역의 고유 자원을 콘텐츠화하는 과정에서 지역민들의 자긍심과 정체성, 그리고 결속력이 강화된다. 이를 통해 젊은 세대의 지역 이탈을 방지하고 귀향을 유도하는 효과가 발생할 수 있다는 점에서 관광뿐만 아니라 지역사회 전반의 사회적 자본 확대와 증진으로 이어지게 된다.

혁신적 거버넌스가 만드는

지역관광 선순환 효과

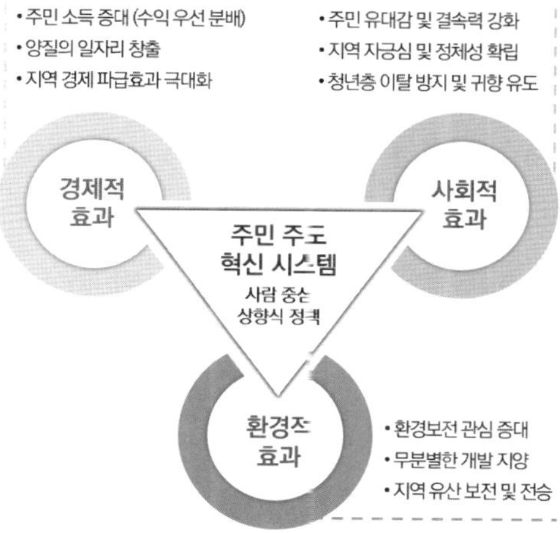

주민이 주체가 되는 관광은 지역의 환경 보전에 대한 관심과 책임감을 향상시킨다. 무분별한 개발보다는 환경과 조화를 이루는 관광 개발이 우선시되며, 지역의 유산을 관광 콘텐츠로 활용하는 과정에서 보전과 전승에 대한 관심이 커지게 된다.

이처럼 지역관광의 활성화를 위한 혁신적인 시스템이 마련되면 지역사회에 이상적인 변화가 불어닥칠 것이다. 지역별 특성을 반영한 다양한 융복합형 모델이 개발되고, 관광정책의 패러다임은 시설 중심에서 사람 중심으로, 행정 중심의 하향식에서 지역사회 주도의 상향식으로 전환이 기대된다.

이제 마지막 질문을 던져 본다. 지역 소멸의 위기 앞에서 대한민국 지역관광은 어디로 가야 하는가. 이 책은 그 해답으로 '모방을 넘어선 독창성', '무대화를 넘어선 진정성'이라는 방향을 제시하고자 했다.

그러나 그 모든 전략과 방법론에 앞서 가장 먼저 확인해야 할 것은 우리 안에 있는 '사람'에 대한 믿음과 이것을 지탱할 '시스템'에 대한 약속이다. 진정한 지역 활성화는 거창한 시설이나 일회성 이벤트가 아니라 지역에 대한 애정으로 똘똘 뭉친 사람들의 작은 실천들이 모여 투명한 시스템 안에서 꽃피울 때 비로소 가능하기 때문이다. 또한 빠르게 변화하는 환경에 대응하여 새로움에 도전하는 실험 정신, 열정적인 리더십 그리고 절박함이 필요하다. '무엇을 지을까?'보다는 '누구와 함께할 것인가?'를 먼저 생각하고, '어떻게 보여 줄까?'를 고민하기 전에 '우리만의 진짜 이야기는 무엇인가?'를 고찰해야 한다. 그래야 획일화의 악순환이 멈추고 대한민국 243개 지자체가 저마다의 색깔로 빛나는 지역관광의 새로운 패러다임이 시작될 것이다.

변화는 시작되었다. 전라남도 강진의 푸소에서, 경상남도 거제시 이수도의 1박 3식에서 그리고 전국 곳곳의 관광두레마을에서 그곳만의 사람과 이야기가 고유한 콘텐츠로 만들어져 여행자들과 만나고 있다. 이러한 실험들이 모여 큰 변화의 물결을 만들어 낼 때 지역관광은 진정으로 지속가능한 미래를 밝힐 수 있다.

참고문헌

강지수·최경은. 2022. 『인구감소지역관광객 유입의 경제효과 분석 연구』. 한국문화관광연구원 수시연구, pp.90~91.

고딘, 세스(Godin, S). 2023. 『보랏빛 소가 온다』. 이주형·남수영 옮김. 서울: 쌤앤파커스.

관광지식정보시스템 주요관광지점 입장객 통계. https://know.tour.go.kr/stat/visitStatDis/main.do(검색일: 2025.9.14)

김난도·권정윤·이수진·전미영·최지혜 외 5명. 2022. 『트렌드 코리아 2023』. 서울: 미래의 창, pp.142~169.

김난도·권정윤·전미영·최지혜·한다혜 외 5명. 2024. 『트렌드 코리아 2025』. 서울: 미래의 창, pp.131~353.

김난도·이준영·이향은·전미영·최지혜 외 6명. 2021. 『트렌드 코리아 2022』. 서울: 미래의 창, pp.168~193.

뉴데일리경제. 2025. "'프리미엄' 업그레이드 했더니 판매량↑ … 여행업계, 고가 패키지 수요 공략". https://biz.newdaily.co.kr/site/data/html/2025/05/30/2025053000144.html(검색일: 2025.9.14)

대통령직속 지방시대위원회 균형발전종합정보시스템(NABIS). 2022. "정책용어사전: 관계인구".
https://www.nabis.go.kr/termsDetailView.do?menucd=189&gbnCode=S51&eventNo=367(검색일: 2025.9.14)

대통령직속 지방시대위원회 균형발전종합정보시스템(NABIS). 2023. "강진군 생활관광 '푸소', 지역 주도형 인구감소 대응 정책의 실마리".
https://www.nabis.go.kr/selectOpenCuratorDetailView.do?menucd=201&gbnCode=COM&refCode=20&comIdx=1321(검색일: 2025.9.14)

디지털충주문화대전. 2025. "수안보온천".
https://chungju.grandculture.net/chungju/search?keyword=%EC%88%98%EC%95%88%EB%B3%B4%EC%98%A8%EC%B2%9C(검색일: 2025.9.14)

디지털커뮤니케이션연구소. 2024. "소셜 빅데이터를 활용한 2024년 여름 국내여행 트렌드 분석".
https://www.kprinsighttree.co.kr/Industry-report(검색일: 2025.9.14)

문화체육관광부. 2024. "지역관광 활성화 이어갈 2024년 관광두레 사업 지역 8곳 선정".
https://www.mcst.go.kr/site/s_notice/press/pressView.jsp?pSeq=20771&pMenuCD=0302000000&pCurrentPage=3&pTypeDept=&pSearchType=01&pSearchWord=(검색일: 2025.9.14)

번, 론다(Rhonda Byrne). 2015. 『시크릿』. 김우열 옮김. 경기도 파주: 살림출판사.

송화성. 2024. 『문화관광론』. 백산출판사.

신용현. 2025. "겹악재에도 여행사 매출 뛴 비결 … '프리미엄 패키지'가 효자". ≪한국경제≫, 2025년 2월 24일 자, 24면.

야놀자 리서치. 2024. “침체된 지역경제, 관광산업으로 활로를 찾다: 데이터로 본 성공의 길”. https://www.yanolja-research.com/insight/view/140?lang=kr(검색일: 2025.9.14)

윤동주. 2024. 『하늘과 바람과 별과 시: 윤동주 유고 시집』. 경기도 파주: 청담출판사, p.25.

이상호. 2024. 『지방소멸 2024: 광역대도시로 확산하는 소멸위험』. ≪지역산업과 고용≫, 여름호, pp.126~136. 한국고용정보원.

전국지역문화재단연합회. 2025. “기초지역문화재단 현황”. https://www.ancf.or.kr/members/state(검색일: 2025.9.14)

전효재·김윤영·김유림·송재일·이영주. 2024. 『인구감소시대, 지역관광의 역할과 정책 대응 방향』. 한국문화관광연구원 기초연구, pp.206~275.

지방공공기관 통합공시 ‘클린아이’. 2025. “지방출자출연기관 기관별공시”. https://www.cleaneye.go.kr/user/iptItemGongsi.do(검색일: 2025.9.14)

최경은·김현정. 2023. 『국제관광 재개 국면의 주요국 외래객 유치 정책 분석』. 한국문화관광연구원 정책연구, pp.55~74.

통계청. 2023. “장래인구추계: 2022~2072년”, pp.3~17.

통계청. 2024. “2024년 곡성군 귀농·귀촌실태조사”. https://kostat.go.kr/board.es?mid=a50301010600&bid=5148&act=view&list_no=434273(검색일: 2025.9.14)

통계청. 2024. “국내통계 주제별통계: 귀촌”. https://kosis.kr/statisticsList/statisticsListIndex.do?menuId=M_01_01&vwcd=MT_ZTITLE&parmTabId=M_01_01&parentId=K1.1;F1_001.2;&outLink=Y#content-group(검색일: 2025.9.14)

통계청. 2024. "장래인구추계 시도편: 2022~2052년", pp.5~18.
통계청. 2025. "24년 3/4분기 '생활인구' 산정결과".
https://kostat.go.kr/board.es?mid=a10301150000&bid=246&act=view&list_no=435750(검색일: 2025.9.14)
통계청. 2025. "통계데이터센터 용어사전: 생활인구".
https://data.kostat.go.kr/nowcast/bigDataPopulManual.do?menuId=2&subMenuId=5#section2(검색일: 2025.9.14)
핀포인트뉴스. 2025. "강진원 강진군수, 반값 여행 국가정책으로 확대를".
https://www.pinpointnews.co.kr/news/articleView.html?idxno=351429(검색일: 2025.9.14)
한국관광데이터랩. 2025. "지역별 관광 현황".
https://datalab.visitkorea.or.kr/datalab/portal/main/getMainForm.do(검색일: 2025.11.24)
한국문화관광연구원. 2021. "전국 출렁다리 현황 및 효과분석", pp.13~16.
https://tdss.kr/board/N16/view.do?bbsNo=2636(검색일: 2025.9.14)
The Tokushima Economy Report. 2022. "サテライトオフィス・ワーケーションが地域を変える; テレワーク時代における企業や人の誘致".
小田切 徳美. 2017. 『農山村は消滅しない』. 岩波新書.
日本交通公社. 2021. 「古民家等の歴史的資源を活用した観光まちづくり推進のための調査事業 事業実施報告書」, pp.10~37.
Adventure Travel Trade Association. 2025.
https://adventuresmithexplorations.com/company/partners/adventure-travel-trade-association/(검색일: 2025.9.14)
Allied Market Research. 2023. "Adventure Tourism Market Size, Share, Com-

petitive Landscape and Trend Analysis Report, by Type, Activity, Type of Traveler, Age Group and Sales Channel: Global Opportunity Analysis and Industry Forecast, 2022-2032".(검색일: 2025.9.14)

American Marketing Association. 2025. "Definitions of Marketing". https://www.ama.org/the-definition-of-marketing-what-is-marketing/?utm_source=chatgpt.com(검색일: 2025.9.14)

Booking.com. 2023. "Cost vs Conscience: Booking.com Delves into the Dilemma Dividing Sustainable Travel in 2023".(검색일: 2025.9.14)

Bourdieu, P. 1986. "The Form of Capital." In J. G. Richardson(ed.). *Handbook of Theory and Research for the Sociology of Education*. New York: Greenwood Press, pp.241~258.

CHANGI airport group. 2019. "Jewel Changi Airport marks six months of operations with a grand opening celebration". https://www.changiairport.com/en/corporate/our-media-hub/newsroom/press-releases.jca-marks-six-months-of-operations-with-a-grand-opening-celebration.2019.all.html(검색일: 2025.9.14)

CHANGI airport group. 2025. "Jewel Changi Airport reports record high footfall and sales amid steady growth in air travel". https://www.changiairport.com/en/corporate/our-media-hub/newsroom/press-releases.jewel-reports-record-high-footfall-and-sales.2025.all.html (검색일: 2025.9.14)

COUNTY-LEVEL ECONOMIC FORECAST. 2022. "Kings County economic forecast 2022". https://dot.ca.gov/-/media/dot-media/programs/transportation-planning/

documents/new-state-planning/transportation-economics/socioeconomic-forecasts/2022/kings-2022-a11y.pdf?utm(검색일: 2025.9.14.)

Hardin, G. 1968. "The Tragedy of the Commons." *Science*, 162(3859), pp.1243~1248.

Jensen, M. C. and W. H. Meckling. 1976. "Theory of the firm: Managerial behavior, agency costs and ownership structure." *Journal of Financial Economics*, 3(4), pp.305~360.

Kelly Slater Wave Co. 2025. "SURF RANCH".
https://www.kswaveco.com/surf-ranch/(검색일: 2025.9.14.)

MacCannell, D. 1976. *The Tourist: A New Theory of the Leisure Class*. University of California Press.

Marcel, G. 2010. *Homo viator: Introduction to the metaphysic of hope*. E. Craufurd(Trans.). St. Augustine's Press.

Market Research Future. 2025. "Luxury Travel Market Research Report By Travel Type, Service Type, Demographics, Duration of Travel and By Region Forecast to 2035".
https://www.marketresearchfuture.com/reports/luxury-travel-market-18876?utm(검색일: 2025.9.14.)

OECD. 2022. *OECD Tourism Trends and Policies 2022*. Paris: OECD Publishing, pp.54~78.

Oldenburg, R. 1989. *The Great Good Place: Cafes, Coffee Shops, Bookstores, Bars, Hair Salons, and Other Hangouts at the Heart of a Community*. New York: Paragon House.

Putnam, Robert D. 1993. *Making Democracy Work: Civic Traditions in Mo-*

dern Italy. Princeton: Princeton University Press, p. 167.

Statista. 2024. "Main resources used for travel inspiration worldwide as of August 2024, by country". https://www.statista.com/statistics/1421785/resources-trip-inspiration-travel-worldwide-by-country/(검색일: 2025.9.14.)

UN Tourism. 2017. *Tourism and the Sustainable Development Goals—Journey to 2030*. World Tourism Organization, pp.20-39.

UN Tourism. 2025. "Sustainable tourism development". https://www.untourism.int/sustainable-development(검색일: 2025.9.14.)

WTO Blog. 2024. "Thirty years of trade growth and poverty reduction". https://www.wto.org/english/blogs_e/data_blog_e/blog_dta_24apr24_e.htm?utm_source=chatgpt.com(검색일: 2025.9.14)

지은이 _ 정성문

30여 년간 대한민국 로컬 현장을 누비며 길을 묻고, 길을 찾고, 길을 만들어 온 현장 중심의 전략가이다. 20여 년간 기자로서 펜과 카메라를 들고 지역 소멸의 위기의 현장을 기록했으며, 수많은 만남을 통해 관광이 지역을 지속시키고 성장시키는 가장 효과적인 해법임을 확인했다.

이후 '질문하는 기자'에서 한 걸음 더 나아가 현장에 대한 문제의식을 전문적인 식견으로 풀기 위해 박사학위를 취득하여 연구와 실천을 결합한 활동으로 영역을 확장했다. 현재 한국전통문화대학교에서 문화관광산업에 대한 이론적 지식과 실무 감각을 겸비한 인재를 양성하는 데 매진하고 있으며, 행정안전부와 전라남도·광주광역시 인재개발원 등에서 공무원들이 정책 이론을 넘어 현장을 깊이 이해할 수 있도록 돕고 있다.

이와 함께 관광과 문화를 기반으로 지역개발계획을 수립하고, 인적역량 개발과 교육을 진행하는 회사의 대표로서 지역의 숨겨진 보물을 발굴하고 이를 관광자원으로 재창조하는 일에 앞장서고 있다.

- 現 더채움(문화관광 R&D 및 콘텐츠 개발, 인적역량 개발) 대표
- 現 한국전통문화대학교 국가유산관리학과 겸임교수
- 現 행정안전부 지방자치인재개발원 역량개발 전문강사
- 現 전라남도 인재개발원 역량개발 전문강사
- 現 광주광역시 인재교육원 역량개발 전문강사
- 前 광주매일신문 기자

한울아카 2629

찾아오지 않는 지역관광에는 이유가 있다

지은이 **정성문**
펴낸이 **김종수**
펴낸곳 **한울엠플러스(주)**
편　집 **배소영**

초판 1쇄 인쇄 **2026년 1월 7일**
초판 1쇄 발행 **2026년 1월 14일**

주소 **10881 경기도 파주시 광인사길 153 한울시소빌딩 3층**
전화 **031-955-0655**
팩스 **031-955-0656**
홈페이지 **www.hanulmplus.kr**

등록번호 **제406-2015-000143호**
Printed in Korea.

ISBN **978-89-460-7629-7 93320 (양장)**
978-89-460-8421-6 93320 (무선)

※ 가격은 겉표지에 표시되어 있습니다.
※ 무선제본 책을 교재로 사용하시려면 본사로 연락해 주시기 바랍니다.